FACULTÉ DE DROIT D'AIX

DROIT ROMAIN
DE LA CONDITION CIVILE DES ÉTRANGERS

DROIT FRANÇAIS
DE LA PREUVE TESTIMONIALE EN MATIÈRE CIVILE

THÈSE

POUR

LE DOCTORAT

PRÉSENTÉE

PAR Armand COULON

Avocat.

AVIGNON
TYPOGRAPHIE DE F. SEGUIN AÎNÉ
13, rue Bouquerie, 13

1875

DROIT ROMAIN
DE LA CONDITION CIVILE DES ÉTRANGERS

DROIT FRANÇAIS
DE LA PREUVE TESTIMONIALE EN MATIÈRE CIVILE

THÈSE

POUR

LE DOCTORAT

PRÉSENTÉE

PAR Armand COULON

Avocat.

AVIGNON

TYPOGRAPHIE DE F. SEGUIN AÎNÉ

13, rue Bouquerie, 13

1875

DROIT ROMAIN

DE LA CONDITION CIVILE

DES ÉTRANGERS

CHAPITRE I

DES CITOYENS ET DES ÉTRANGERS

Le premier classement que l'on doit faire, en droit romain,
entre les personnes libres, consiste à distinguer les citoyens des
étrangers. Les citoyens sont ceux qui font partie du corps social de la cité, qui y jouissent des droits civils et, dans une mesure plus ou moins large, des droits politiques. On sait en effet
que l'égalité entre les divers ordres de citoyens ne fut reconnue
qu'après de longues et sanglantes luttes entre les Plébéiens et
les Patriciens. Ces derniers, surtout au début de la révolution
qui substitua à la royauté une république oligarchique, exer-
çaient seuls dans toute sa plénitude le *jus civitatis*. On les appelait *cives optimo jure*. Le droit de cité romaine était complexe.

Il comprenait une double capacité : civile et politique. Parmi les droits d'essence politique figuraient notamment le *jus honorum et magistratuum* accessible d'abord à la seule aristocratie, le *jus militiæ*, le *jus connubii*, le *jus commercii*, la *factio testamenti* active et passive, le *jus patriæ potestatis*. L'étranger est d'abord l'homme qui appartient à une nation indépendante de Rome (1); on étendit successivement cette dénomination aux peuples amis ou alliés de Rome, et aux provinciaux habitants du monde romain mais qui n'avaient pas reçu le *jus civitatis*. Nous ne parlerons pas, bien entendu, de ceux qui font la guerre à Rome ou qui vivent en état d'hostilité permanente avec elle : tels sont les Barbares. Il ne peut être question d'aucun rapport de droit, d'aucune relation civile avec ces peuples. Quelle fut à Rome la condition des étrangers, quelles relations nouèrent-ils avec les citoyens romains, dans quelle mesure furent-ils appelés à jouir des droits accordés à ces derniers? Telles sont les questions que nous aurons tout à l'heure à examiner. Ainsi que nous le verrons, elles sont intimement liées à l'histoire de Rome. Pendant le premier âge qui suit la fondation de cette ville, elle participe à l'esprit d'isolement commun à toutes les cités anciennes. Chacune d'elles conserve ou combat pour conserver une indépendance absolue. Elles ont leurs institutions particulières, leurs coutumes, leurs dieux qui protègent seulement le peuple qui leur offre les sacrifices. La religion, avec son culte du foyer domestique et des divinités protectrices ou vengeresses de la patrie, inspire contre l'étranger un sentiment de méfiance, plus encore que les différences de mœurs et d'idiômes. La présence d'un étranger souille les sacrifices auxquels il as-

(1) D'après *Festus, hostire* est synonyme d'*æquare*.

siste (1). C'est sur ce caractère religieux des sociétés anciennes,
si bien mis par lui en relief, que M. Fustel de Coulanges fonde
la distinction qui sépare le citoyen de l'étranger (2). « Le citoyen, dit-il, est celui qui a la religion de la cité. Être citoyen
se disait en grec συντελεῖν, faire le sacrifice ensemble. L'étranger, au contraire, est celui qui n'a pas accès au culte, celui que
les dieux de la cité ne protègent pas et et qui n'a pas même le
droit de les invoquer. » Tel fut l'esprit de Rome aux premiers
temps de son histoire. On sait aujourd'hui (3) que la colonie
de proscrits et d'aventuriers fondée par Romulus sur le mont
Palatin, ne fut qu'une partie infime de la population primitive
de Rome. Trois races principales concoururent à former ce que
l'on appela plus tard le peuple-roi, ce furent les Sabins, les
Latins et les Étrusques. Mais l'élément sabin était l'élément do-
minant. La langue sabine donna au peuple romain la désigna-
tion pour ainsi dire officielle sous laquelle il fut connu, celle de
Quirites. Or, les peuples de race sabellique et ceux de l'Etrurie
étaient profondément imprégnés de l'esprit religieux ; le culte
des dieux, de la cité et celui des ancêtres y étaient en grand honneur. C'est ce qui explique l'inflexible rigueur avec laquelle l'é-
tranger fut d'abord traité. Le même mot « *hostis* » désignait
l'étranger et l'ennemi, et ce ne fut que plus tard, lorsque la philosophie eut éclairé les mœurs et que la conquête eut élargi la domination romaine, qu'on substitua à cette expression celle de
« *peregrinus*, » sous laquelle l'étranger fut désormais dénommé.
« *Hostis apud majores is dicebatur*, dit Cicéron, *quem nunc pe-*

(1) Virgile. *Énéide*. III. 406.
(2) *La Cité antique*, livr. III, chap. XII.
(3) V. Ampère. *L'histoire romaine à Rome*, 4e Édit., t. I, XIII.

regrinum dicimus, quanquam id nomen durius jam vetustas ef-
fecit, a peregrinis recessit et proprie in eo qui contra arma
ferret, recessit. » Des idées beaucoup plus larges prévalurent au
point de vue de l'admission des étrangers dans le sein de la
cité romaine, et, à la fin de la République, l'esprit exclusif et
étroit des anciens Quirites faisait place à des sentiments plus
bienveillants et plus humains. Cicéron est un des hommes d'é-
lite qui développent avec le plus d'éloquence le progrès de ces
sentiments nouveaux. « *Qui civium rationem dicunt habendam,*
dit-il au livre III, chap. v, du *de Officiis, externorum negant,*
hi dirimunt communem humani generis societatem, qua su-
blata, beneficentia, liberalitas, justitia funditus tollitur (1) ».
Toutefois, des différences assez profondes au point de vue de la
jouissance des droits subsistèrent jusqu'au déclin de l'empire,
entre la situation des citoyens et celle des étrangers. Nous aurons à les examiner en détail dans le chapitre suivant. Il importe
de remarquer que la plupart des peuples soumis par les armes
romaines conservèrent leurs usages et leurs coutumes nationales. Ils formèrent la classe nombreuse des *provinciales* dont la
condition est assimilée à celle des étrangers proprement dits.
C'est même à cette classe de personnes que s'appliquera surtout
notre étude ; toutefois il existe entre la qualité de *civis* et celle de
peregrinus, un certain nombre de degrés intermédiaires que
nous devons faire connaître, en montrant brièvement quelle
était la condition juridique des divers habitants du monde romain. Au-dessous des citoyens romains, mais dans une situation
meilleure que celle des pérégrins ordinaires, se trouvaient les

(1) Comp., *Cicéron de Legibus*, v, III. « *Usu urbis peregrinos prohi-*
bere sane inhumanum est. »

Latins ou les individus gratifiés d'un ensemble de droits que l'on désignait sous le nom générique de *jus Latii*.

Le *Latium* formait à l'origine un territoire qui s'étendait du Tibre aux marais Pontins, et de la mer au pied des montagnes de l'Etrurie. Les peuples qui habitaient cette région constituèrent une confédération composée de trente villes, avec Albe-la-Longue pour capitale. Après la destruction de cette dernière cité, dont la population vint accroître et doubler, au dire de Tite-Live, la population romaine, de longues dissensions mirent presque continuellement en lutte Rome et la Confédération latine

Vers la fin du V⁰ siècle *ab Urbe condita*, Rome obtint la suprématie ; elle concéda à certaines villes le *jus civitatis*, et ne laissa aux autres que certains droits particuliers. Il parait certain qu'à cette époque les Latins avaient le *jus commercii*, (Tite-Live, 41, 8) ; mais on s'est demandé s'ils avaient aussi le *jus connubii*. On admet généralement l'affirmative en raison des rapports fréquents qui devaient exister entre les deux peuples. (V. Tite-Live, 1, 49.) Deux textes cependant, l'un d'Ulpien (Reg., v. 4) et l'autre de Gaïus (Com., i, § 57), semblent leur refuser ce droit ; mais on a fait remarquer avec raison que ces jurisconsultes ne pouvaient s'occuper des *Latini veteres* qui n'existaient plus à l'époque des *Antonins*. En effet, à la fin de la République, le Latium tout entier reçut le droit de cité avec les autres peuples de l'Italie, et le nom de Latin ne se perpétua que par suite d'une circonstance toute particulière. Pour étendre sa domination et se créer des points d'appui dans les vastes contrées qu'elle avait soumises, Rome avait l'habitude d'y établir des colonies. Ces dernières représentaient chez les peuples les plus lointains l'image de la nation romaine. « *Po-*

*puli romani quasi effigies parvæ, simulacraque esse viden-
tur.* » Les unes étaient composées de citoyens ; on les appelait
coloniæ togatæ. Les autres, plus nombreuses, furent fondées par
des habitants du Latium auxquels venaient quelquefois se join-
dre des citoyens romains ; mais, en entrant dans les colonies lati-
nes, ces derniers perdaient leur droit de cité, « *in colonias latinas
deducti, latini coloniarii esse cœperunt* (Gaïus c. III, § 56). La
position des *Latini coloniarii* différait de celle des *Latini veteres*
en ce qu'ils n'avaient le *connubium* avec les citoyens romains
qu'à l'aide d'une concession spéciale (Ulp., Reg., v, § 4). Mais
ils avaient le *commercium* avec les conséquences juridiques qui
dérivaient de ce droit et que nous aurons tout à l'heure à examiner. La concession des droits accordés aux *Latini coloniarii*
fut généralisée sous l'empire, et un grand nombre de villes et
de provinces en furent gratifiées. C'est dans les provinces que
nous retrouvons les peregrini proprement dits. Ces contrées soumises mais non annexées à la cité romaine conservaient pour la
plupart leurs coutumes locales. Elles étaient gouvernées par de
hauts magistrats envoyés de Rome sous le nom de proconsuls
ou de propréteurs, suivant qu'ils venaient de remplir des fonctions consulaires ou prétoriennes. Avant leur entrée sur le territoire de la province qui leur avait été assignée, ces magistrats
devaient promulguer un édit qui contenait l'ensemble des règles auxquelles ils s'engageaient à conformer leurs jugements (1).
Ils avaient la *jurisdictio* et l'*imperium*. Les habitants étaient
le plus souvent sans protection contre les abus et les exactions
que ces fonctionnaires romains pouvaient commettre, et, pour
obtenir justice contre eux, ils étaient obligés de trouver un ci-

(1) Dig., l. 2 et 4, 16, 1.

toyen qui consentit à prendre leurs réclamations sous son patronage (1); mais l'autorité impériale mit plus tard un frein à l'omnipotence première des gouverneurs. A la condition des provinces était assimilée celle des préfectures. On appela originairement préfectures, les villes d'Italie qui, s'étant révoltées contre Rome ou lui ayant causé quelque dommage, perdirent comme châtiment leur indépendance et leurs magistratures locales, et furent placées sous l'administration d'un fonctionnaire romain, nommé Præfectus. Tel fut le sort de Capoue, après la troisième guerre punique où elle avait pris partie pour Annibal. Mais à côté des villes ainsi rigoureusement traitées par la vengeance romaine, on en trouvait d'autres qui portaient également le nom de préfecture, tout en conservant l'indépendance de leur administration intérieure.

On assimilait aux pérégrins diverses classes de personnes laissées en dehors de la cité romaine, soit qu'elles eussent perdu leur qualité originaire de citoyens, soit que des motifs d'ordre social les en tinssent écartées. Diverses condamnations faisaient perdre le droit de cité : telle était notamment la déportation dans une île (L. 6. § 1. Dig., 48, 22). Le déporté devenait, d'après Ulpien, (Reg. xx. § 14) *peregrinus sine civitate*; il était ainsi dans une condition plus dure que celle du pérégrin ordinaire qui, ainsi que nous le verrons, pouvait invoquer en maintes circonstances la législation spéciale de sa patrie. Les personnes dont nous parlons étaient régies par les règles du *jus gentium*. La relégation, qui avait généralement pour objet d'interdire à une personne l'accès de certaines villes ou provinces, ne produisait pas les mêmes effets. A côté des déchéances prononcées par la

(1) Cicéron. *De Oratore*, I, 9.

loi, il faut mentionner la perte de la cité résultant d'une renonciation volontaire. Rome ne songea pas à retenir malgré eux ceux de ses citoyens qui désiraient changer de patrie et abdiquer la nationalité romaine. La route des autres cités s'ouvre librement devant nos concitoyens, disait Cicéron : « *Quum ex omnibus civitatibus via sit in nostram, quumque nostris civibus pateat iter ad cæteras civitates..... Hæc sunt enim fundamenta firmissima libertatis nostræ sui quemque juris et retinendi et dimittendi esse dominum* » (Cicéron Pro Balbo). Mais l'établissement dans une autre cité emportait de plein droit l'exclusion de la cité romaine : « *Duarum civitatum esse jure civili nemo potest.* » Dans les premiers temps, il fallait avoir été présent à Rome à l'époque de la lustration pour jouir des droits politiques, et l'homme qui n'avait pas pris part à cette cérémonie ne pouvait reprendre la qualité de citoyen qu'au lustre suivant.

Vers la fin du VIIe siècle de Rome, la loi *Junia Norbana* sur les affranchissements créa une nouvelle catégorie de personnes qui, sans être admises à jouir du *jus civitatis*, furent placées dans une position intermédiaire entre les citoyens et les étrangers. Ces personnes étaient désignées sous le nom de *Latini Juniani*. Leur condition était à peu près assimilée à celle des Latins coloniaires; nous aurons toutefois à signaler quelques différences. Au dernier rang des personnes libres se trouvaient les déditices. On désignait primitivement sous ce nom les peuples qui, vaincus par les armes romaines, avaient prononcé la formule de la *deditio* et livré aux vainqueurs « leurs lois, leurs dieux, leurs murailles. » Tel fut le peuple de Collatin après sa défaite par Tarquin (G. c. I. § 14). Plus tard on appela aussi déditices certains affranchis qui, s'étant trouvés, pendant le temps de leur esclavage, dans une position infamante, ou ayant été convaincus de divers méfaits, ne pouvaient aspirer à recevoir ni le *jus civitatis* ni le *jus latinitatis*. Ils étaient considérés comme n'ayant point de patrie, et la seule grâce qu'on leur faisait c'était la concession de la liberté, *pessima libertas*, suivant l'expression de Gaïus. Nous aurons à signaler certaines particularités qui distinguaient ces individus des pérégrins ordinaires. Nous venons de déterminer les diverses classes de personnes libres reconnues par le droit romain. Il importe maintenant de préciser dans quels cas on naissait pérégrin ou citoyen. Les jurisconsultes ne reconnaissaient pas à la naissance sur le sol romain le pouvoir de conférer à une personne la nationalité romaine. Cette nationalité ne s'acquérait point *jure soli*, comme dans un grand nombre de législations modernes, mais *jure sanguinis*. L'enfant suivait la condition de son père ou de sa mère, conformément à des règles rigoureusement fixées. Voici quels étaient sur cette matière les deux principes fondamentaux. Le premier est ainsi formulé par Ulpien (Reg., liv.; v. § 8) : *Connubio interveniente, liberi semper patrem sequuntur, non interveniente connubio, matris conditioni accedunt*. L'enfant né d'un mariage légitime contracté par des personnes ayant la capacité reconnue par le droit civil de s'unir entre elles, suit la condition de son père ; s'il n'est pas issu *ex justis nuptiis*, il prend la nationalité de sa mère. Il ressort de ce principe que si un citoyen romain s'unit à une pérégrine, comme il n'y a pas *connubium* entre ces deux personnes, l'enfant suivra la condition de sa mère et naîtra pérégrin. La même situation devrait se produire si l'union avait été contractée entre un étranger et une citoyenne ; à défaut du *connubium*, on aurait dû rationnellement attribuer à l'enfant la nationalité de la mère. Mais les jurisconsultes nous apprennent (Ulp., loc. cit.) qu'une loi Mensia avait apporté dans ce cas une dérogation à la règle et décidé que l'enfant suivait la condition qui lui était la moins favorable. — *Ex peregrino et cive romano peregrinus nascitur, quoniam lex Mensia ex alterutro peregrino natum deterioris parentis conditionem sequi jubet.* Gaïus dans les paragraphes 78 et 79 du Commentaire I de ses *Institutes* fait aussi allusion à cette loi Mensia ; malheureusement ces textes ne nous sont point parvenus dans leur intégralité. Le nom même de la loi ne figure pas dans les fragments qui nous restent ; ce qui a permis à certains interprètes de prétendre qu'il n'y a pas eu de loi portant spécialement le nom de *lex Mensia*, et que le texte législatif relaté par Ulpien n'est autre que la loi *Ælia-Sentia* rendue sous Auguste. Quoi qu'il en soit, la seule question qui présente encore quelque intérêt est celle de savoir si la disposition que nous venons de citer s'appliquait non-seulement aux pérégrins mais encore aux latins. Sur ce point Gaïus paraissait faire une distinction, que les lacunes de son manuscrit dans l'état où il a été retrouvé ne permettent pas de formuler avec certitude, mais qui cependant est aujourd'hui à peu près unanimement admise. Le texte qui nous reste du § 79 est ainsi conçu :..... *Sed etiam qui latini nominentur. Sed ad alios latinos pertinet qui proprios populos propriasque civitates habebant et erant peregrinorum numero.* On a rétabli ce paragraphe en lui donnant la signification suivante : la loi Mensia s'appliquait aux anciens latins qui formaient jadis une nation particulière ; mais elle ne régit pas les latins coloniaires, qui ne constituent qu'une classe de personnes. Dans le paragraphe suivant de Gaïus nous lisons une décision qui se rapporte non plus aux latins véritables mais à cette catégorie spéciale d'affranchis créés par la loi *Junia Norbana* et qui portaient le nom de *Latini Juniani.* L'enfant né d'un homme de cette dernière classe et d'une citoyenne romaine, naît citoyen. Un sénatus-consulte rendu sous le règne d'Hadrien l'avait ainsi décidé, pour trancher une controverse qui s'était élevée entre certains jurisconsultes ; quelques-uns de ces derniers pensaient que les lois *Ælia Sentia* et *Junia Norbana* ayant eu pour effet d'attribuer aux affranchis dont elles s'occupaient le *connubium* avec les citoyens romains, l'enfant devait suivre la condition du père. La règle, que l'enfant issu *ex legitimo matrimonio* suit la condition de son père, reçoit également exception dans un cas prévu par la loi I § 2 au *Digeste ad municipalem et de incolis*. 50, I. Il s'agit d'un mariage contracté entre deux personnes appartenant à des municipes différents : si quelque privilège spécial est attaché au municipe de la mère, l'enfant suivra la condition de cette dernière : « *Tunc enim maternæ originis erit municeps. Utputa Iliensibus concessum est, ut qui matre Iliensi est, sit eorum municeps.* »

— La deuxième règle sert à déterminer l'époque où la nationalité de l'enfant doit être considérée comme fixée, quand la condition de ses parents a varié dans l'intervalle de la conception à la naissance. — *In his qui jure contracto matrimonio nascuntur, conceptionis tempus spectatur ; in his autem qui non legitime concipiuntur, editionis.* Si l'enfant doit suivre la condition de son père, son état se trouve fixé au moment de la conception ; s'il doit prendre la nationalité de la mère, c'est l'époque de l'accouchement qui détermine son sort. Gaïus dans les paragraphes 90 et suiv. de son Commentaire I donne diverses applications de cette règle. Si une femme romaine, après être devenue enceinte, se voit frappée de l'interdiction de l'eau et du feu, peine qui lui fait perdre le droit de cité et la rend pérégrine, l'enfant qu'elle mettra au monde postérieurement à cette époque naîtra citoyen romain s'il est issu de justes noces et si son père jouissait de ce titre ; car sa condition depuis le moment de la conception s'est trouvée indépendante des changements d'état de la mère. L'enfant naîtrait également citoyen, alors même que ses deux auteurs auraient perdu le *jus civitatis*, si le père le possédait encore, à l'époque de la conception. Si l'enfant est *vulgo natus*, son sort dépend de celui de sa mère jusqu'à ce qu'il ait vu le jour et, dans l'espèce, il naît pérégrin. A l'inverse, si nous supposons que la mère pérégrine a conçu hors mariage et qu'elle accouche après être devenue citoyenne, l'enfant sera gratifié de la nationalité romaine. Mais si la femme devenue ainsi *civis romana* s'était mariée à un pérégrin, suivant les lois et coutumes de son pays, *secundum mores legesque peregrinorum*, le Sénat, sur la proposition de l'empereur Hadrien, avait décidé que l'enfant serait pérégrin ; c'était une application de la loi Mensia. Hadrien cependant avait apporté un tempérament à la rigueur de cette loi. Si le père obtenait aussi le *jus civitatis*, ce même droit rejaillissait sur l'enfant. Il suffisait donc dans ce cas que les parents fussent tous les deux citoyens romains, au moment de l'accouchement ; et la pérégrinité du père à l'époque de la conception n'avait plus aucune influence sur la nationalité de l'enfant. Nous verrons aussi que la condition de ce dernier pouvait être très-favorablement modifiée, à l'aide du mode d'acquisition de la cité, que l'on désignait sous le nom d' « *erroris causæ probatio.* »

CHAPITRE II

COMMENT LES ÉTRANGERS ÉTAIENT TRAITÉS AU POINT DE VUE DE LA JOUISSANCE DES DROITS CIVILS

Nous avons à examiner dans quelle mesure les étrangers étaient appelés à exercer les droits que la législation romaine concédait aux citoyens ; en parcourant successivement les diverses classes de droits qui appartenaient à ces derniers, il nous sera facile de nous arrêter sur ceux qu'ils partageaient avec les étrangers. Mais nous devons nous fixer tout d'abord sur une question primordiale. Quelle idée les Romains se faisaient-ils de leurs rapports juridiques avec les étrangers ? A quel titre leur concédaient-ils une partie des droits dont ils jouissaient ? Quelle sorte de communauté de droits établissaient-ils entre eux et les autres hommes ?

Les définitions que les jurisconsultes romains donnent du droit et de la justice en général sont inspirées par des idées éminemment philosophiques et morales. Le droit est l'art de ce qui est bon et équitable : *Jus est ars boni et œqui*, dit Celsus, (L. 90. Dig., *de Regulis juris*.) On connait la célèbre formule qu'Ulpien applique à la science du droit. (L. 10 § 2. Dig., *de Justitia et jure*.) Mais si les jurisconsultes de l'époque classique sont d'accord pour donner à l'idée même de justice ce caractère élevé, il y a entre eux certaines divergences quand il s'agit de classer et de définir les différentes branches du droit. Ulpien formule une division tripartite du droit : il distingue le *jus naturale*, le *jus gentium*, et le *jus civile*. Le *jus naturale*, suivant lui, a pour base les besoins et les instincts qui sont communs aux hommes et aux animaux. C'est donc, pour ainsi dire, le code que la nature a créé à l'usage, non-seulement de l'humanité, mais de l'animalité tout entière. — *Quod natura omnia animalia docuit ; nam jus istud non humani generis proprium sed omnium animalium quæ in terra, quæ in mari nascuntur, avium quoque commune est* (1). » Ce droit naturel comprend l'union des sexes, la procréation et l'éducation des enfants. Le *jus gentium* est le droit dont les hommes usent dans leurs rapports entre eux, indépendamment de toute nationalité. Enfin le *jus civile* comprend les préceptes qui ne résultent ni du droit naturel, ni du droit des gens. C'est le droit qui appartient en propre aux citoyens de la nation qui l'institue. Son domaine s'élargit ou s'amoindrit, suivant qu'il fait des emprunts au droit des gens ou qu'il lui abandonne certaines de ses règles (2). La conception d'un droit naturel commun aux hommes et aux animaux, rep   ur l'hypothèse d'un état de nature ou anté-social (3   qui eut encore quelque fortune au siècle dernier ; mais   était déjà vivement repoussée par les écrivains philosophes de Rome : « *Et quomodo hominum inter homines juris esse vincula putant, sic homini nihil juris esse cum bestiis* (4). » L'expression de *jus naturale* se retrouve encore dans les fragments d'un grand nombre de jurisconsultes (V. not.: *Florentinus*, l. ; 4 Dig. ; *de statu hominum, Triphoninus* l. 64 Dig. ; *de condictione indebiti*, Paul l. 11 *de justitia et jure*). Mais en dehors de son inexactitude

(1) Dig.; l. I. § 3. *de Justitia et jure.*
(2) L. b. Dig. ; *de Justitia et jure.*
(3) L. 4. *hoc*; tit.
(4) Cicer. ; de *finibus*, III, 19.

théorique, cette conception n'offre aucun intérêt pratique. L'idée primordiale de liberté qui, suivant les jurisconsultes, dérive du droit naturel, est complétement annihilée par l'institution de la servitude, qui est une création du droit des gens. La seule distinction qu'il importe de retenir est celle que formule Gaïus au début de son Commentaire I. Ce jurisconsulte pose en principe que tous les peuples policés sont régis en partie par un droit qui leur est propre et en partie par un droit qui est commun à tous les hommes ; c'est à ce dernier que s'applique l'expression de *jus gentium*. Gaïus l'appelle bien aussi *jus naturale* (Comm. 1 § 65); mais ce n'est plus dans le même sens qu'Ulpien. Ce droit dérive d'une raison suprême, immuable, fondée sur la nature même des choses, (c'est aussi la source que les rédacteurs de notre Code civil ont plus tard donnée au droit en général). Les changements de la législation civile ne peuvent l'atteindre (Dig.; 1. 8 *de capite minutis*). D'où provient cette différence de doctrine chez les deux jurisconsultes dont nous venons de citer les textes ? Suivant une opinion accréditée (1) et probablement exacte, le système naturaliste d'Ulpien tirerait son origine des doctrines épicuriennes, auxquelles ce légiste se serait rattaché, tandis que Gaïus, comme la plupart des jurisconsultes de son temps, aurait été imbu des idées stoïciennes et serait demeuré un des fervents disciples de Zénon. Quoi qu'il en soit, c'est la doctrine de Gaïus qui paraît avoir définitivement triomphé. (Cp. *Institutes de Justinien*, Liv. 1, tit. 2; § 1 et 11), quoique les définitions d'Ulpien aient laissé encore quelques traces dans les monuments législatifs (Cpr. *Just ; loc. cit. in princ.*).

Ainsi, d'après les idées généralement reçues, le droit des gens

(1) Ginoulhiac. *Essai sur la philosophie des jurisconsultes romains.*

est celui qui contient des règles communes à tous les peuples, *quasi quo jure omnes gentes utuntur.* Ce qui caractérise ce droit c'est la généralité des préceptes qu'il embrasse. Toutes les institutions qu'il renferme ont été établies par l'usage général de toutes les nations policées ; c'est une sorte de coutume commune à tous les hommes destinés à vivre ensemble et à nouer entre eux des relations sociales. Si les jurisconsultes romains attribuent à ce droit une origine rationnelle et le regardent le plus souvent comme synonyme du *jus naturale,* c'est que (M. Accarias l'a justement fait remarquer) « Comme les institutions les plus répandues sont celles qui ont le plus de chance d'être les plus rationnelles et les plus conformes à la nature humaine, on comprend très-bien la synonymie des deux expressions *jus gentium* et *jus naturale.* »

Au point de vue qui nous occupe, nous pouvons regarder comme constituant le *jus gentium* toutes les règles qui, suivant la législation romaine, sont reconnues applicables aux étrangers; toutes ces règles ont été introduites « *usu exigente et humanis necessitatibus.* » C'est en vertu de ce principe que nous verrons les jurisconsultes proclamer que les ventes, les sociétés, les échanges etc., dépendent du *jus gentium,* et admettre les pérégrins à y participer (1). Il nous reste à examiner plus particulièrement la part qui est faite à ces derniers dans chaque branche de la législation.

DROITS DE FAMILLE

§ I. *Du mariage.* — Nous avons vu que le *connubium* est en général refusé aux pérégrins. Le mot *connubium* exprime

_____

(1) Cpr. ; L. 15. Dig ; *De deportatis,* 48, 22. — *Just. Instit* ; 1, 2, § 2.

spécialement la capacité relative qui appartient à deux personnes de contracter entre elles de justes noces. C'est en ce sens que l'on disait avant la loi *Canuleia* que le *connubium* n'existait pas entre patriciens et plébéiens ; c'est ainsi que jusqu'aux derniers temps de l'Empire il fut défendu aux Sénateurs d'épouser des personnes de condition vile, telles que les comédiennes. On comprend la rigueur de ces prohibitions quand on songe au caractère sacré que revêtait le mariage dans les sociétés antiques. On sait que le jurisconsulte Modestin le définit : « *Divini et humani juris communicatio* (L. 1. Dig ; *de ritu nupt.*) » M. de Fustel de Coulanges (1) nous donne de précieux détails sur les cérémonies et les rites qui consacraient l'association civile et religieuse des deux époux. Mais ce caractère s'affaiblit de jour en jour. Si l'on continua à interdire en principe le *connubium* aux pérégrins, on admit qu'ils pouvaient le recevoir au moyen d'une concession spéciale. Gaïus cite le cas où un vétéran, ayant obtenu son congé, épouse une latine ou une pérégrine ; grâce à un de ces nombreux priviléges que les empereurs accordaient aux soldats (2), ceux-ci en se mariant communiquaient à leurs femmes le *jus civitatis* qui leur appartenait à eux-mêmes (G. C. 1. § 57). Les Romains reconnaissaient d'ailleurs le mariage contracté entre étrangers ; nous avons cité un texte où il est question de mariage accompli « *secundum leges moresque peregrinorum.* » Les pérégrins continueront dans ce cas à être régis par les lois de leur cité. Mais quelles conséquences juridiques attachait-on à un mariage ayant uni deux personnes n'ayant pas en-

(1) Op. cit : Livr. II. chap. 2.
(2) On a conservé un certain nombre de petites tables de bronze sur lesquelles se trouvaient gravés ces titres de concession. — Savigny. D. R. Chap. II. T. II.

2

semble le *connubium*, par exemple un citoyen et une pérégrine. Il est généralement admis, bien que ce point soit discuté, qu'une union de ce genre ne constituait pas un *concubinat* (1) ; elle ne dut pas par conséquent être atteinte par les prohibitions dont l'empereur Léon le Philosophe frappa cette dernière institution. Nous lisons en effet dans un texte les mots de « *matrimonium non legitimum* » et Ulpien distingue l'*uxor injusta*, de la *concubina*. (Dig ; l. 13 princ ; et § 1 ; 48. 5). Ce mariage ne produit point les effets civils des justes noces ; le mari n'acquiert ni la *manus* ni la *patria potestas ;* mais on a fait remarquer avec raison que la violation de l'union contractée entre personnes ne jouissant pas du *connubium* n'était pas dépourvue de sanction. Dans le cas où la femme la souillait par une adultère, le mari avait un pouvoir assez énergique pour la faire punir. S'il ne pouvait, comme le mari reconnu par la loi, exclure pendant soixante jours une personne étrangère à sa famille, pour intenter l'accusation d'adultère, il était à l'abri des exceptions que l'on avait le droit d'opposer au citoyen non parent qui se présentait. Ainsi, il n'était pas permis de lui objecter qu'il avait été noté d'infamie, ou qu'étant affranchi il ne possédait pas une fortune de trente mille *sesterces*. — *Non ei opponetur infamia, vel quod libertinus triginta sestertiorum millium non habeat.* La *cognatio* et l'*affinitas* et les empêchements au mariage, qui étaient leurs conséquences, dérivaient du *matrimonium injustum* comme ils résultaient du *concubinatus.* (Arg. ; l. 14 § 2 Dig., *de ritu nuptiarum.* — L. 14 h. t.). Les enfants devaient le respect à leurs

---

(1) La plupart des interprètes reconnaissent l'existence d'un mariage du droit des gens. — Warnkœnig. *Comm. juris privati.* — Lib. IV. cap. 2.

parents et ne pouvaient les appeler en justice sans la permission du préteur. (L. 6 Dig., *de in jus vocando*).

D'ailleurs, les règles que nous venons d'examiner ne pouvaient s'appliquer qu'aux rapports des citoyens avec les provinciaux ou les peuples vivant en paix avec Rome. Quant aux barbares, aux peuples qui se trouvaient au delà des limites du monde romain, il ne pouvait être question de pareilles communications avec eux. Au IVᵉ siècle de l'ère chrétienne, une constitution des empereurs Valentinien et Valens alla même jusqu'à interdire, sous peine de mort, aux habitants de l'empire d'épouser une personne de condition barbare. Cette constitution est insérée au Code théodosien (L. unique c., § 3, 14). Sous Justinien, la pénalité qu'elle édictait a probablement disparu; mais la prohibition devait subsister, et une pareille union aurait été dénuée de toute espèce d'efficacité au point de vue civil.

§ 2. *De la puissance paternelle.* — La plupart des peuples de l'antiquité ont reconnu et consacré d'une façon énergique les droits de surveillance, de direction et de correction du père sur ses enfants, dont l'ensemble constitue la puissance paternelle. Mais bien que ce droit fût établi par les lois de presque toutes les nations policées, les Romains avaient fait de la puissance paternelle une institution du plus pur droit civil, parce qu'elle se rattachait directement à leur organisation sociale. C'est à ce titre qu'elle avait été consacrée par la loi des xii tables; c'est également à ce point de vue que se place Gaïus lorsqu'il dit (1) : « *Quod jus proprium civium romanorum est; fere enim nulli alii sunt homines qui talem habent in suos filios potestatem*

(1) Comm., i, § 55.

qualem nos habemus. » Quelques historiens allemands, entre autres Hegel, ont donné, à la forte organisation de la puissance paternelle chez les Romains, une singulière origine. Suivant eux, elle leur viendrait de leur première qualité de brigand, qui les obligeait à une rigoureuse discipline (1). Mais cette interprétation paraît quelque peu fantaisiste. Il est probable que la constitution patriarcale des peuples de la Sabine et de l'Étrurie, qui pratiquaient avec tant de ferveur le culte du foyer domestique et celui du tombeau des ancêtres, contribua à implanter dans les mœurs romaines primitives l'institution si solide et si vénérée de la *patria potestas.*

L'acquisition du droit de cité par un pérégrin n'avait pas pour effet de lui attribuer la puissance paternelle sur ses enfants. Il fallait que l'empeur la lui concédât expressément ; on n'accordait cette concession que *cognita causa* et après avoir pris en considération l'intérêt des enfants. Cela avait été décidé par un édit d'Hadrien ; le même prince avait formulé dans un rescrit (subscriptione) la décision suivante : Lorsqu'un pérégrin sollicite le droit de cité romaine pour lui et sa femme, à un moment où cette dernière se trouve enceinte, il doit avoir soin, s'il veut obtenir la puissance paternelle sur l'enfant qui va naître, d'adresser sur ce point une demande spéciale à l'empereur. Cette obligation n'est imposée qu'aux pérégrins proprement dits. Quant aux personnes de condition latine, il leur suffit d'acquérir le droit de cité avec leurs enfants pour obtenir, par une concession virtuelle, le droit de puissance sur ces derniers (2).

(1) V. Ampère, *Histoire romaine à Rome*, t. I.
(2) Gaïus, c. I, § 93, 94 et 95.

§ 3. *De l'adoption.* — L'adoption qui a pour objet de produire une parenté purement artificielle est évidemment une création *juris civilis.* Elle se relie à la puissance paternelle, et les étrangers ne sont pas admis à en bénéficier.

§ 4. *De la tutelle.* — La tutelle, dans son essence et par le but qu'elle se propose d'atteindre, est une institution qui doit être commune à tous les peuples civilisés. Protéger les incapables, défendre la personne et les intérêts pécuniaires des impubères : tel est l'objet de la tutelle, ce qui fait d'elle une institution dictée par la *ratio naturalis* dont parlent les jurisconsultes. Aussi n'est-il pas étonnant de voir cette conformité entre le principe tutélaire et le *jus naturale* constatée par les textes. « *Impuberes in tutela esse omnium civitatum jure contingit, quia id naturali rationi conveniens est, ut is qui perfectæ ætatis non sit alterius tutela regatur* (1). » Justinien ajoute également dans ses *Institutes* : « *Impuberes in tutela esse naturali juri conveniens est.* » Et cependant il est certain que la tutelle fait partie du *jus civile* dont la jouissance est refusée aux pérégrins. C'est que, ainsi que nous l'avons déjà fait remarquer au sujet de la puissance paternelle, le droit romain a imprimé à cette institution un caractère tout particulier; il l'a organisée avec des règles spéciales, sans rien emprunter aux législations étrangères. La tutelle par excellence c'est la tutelle testamentaire telle que l'établit la loi des XII tables: *Uti quique legasset super pecunia tutelave suæ rei, itâ jus esto.* Le droit de nommer à ses enfants un tuteur testamentaire dérivait en principe de la puissance

(1) G. c. I, § 189.

paternelle réservée, comme nous l'avons vu, aux seuls citoyens romains. Le pérégrin ne pouvait être désigné par un testateur pour gérer une tutelle; car il était de règle que ceux-là seuls pouvaient être investis de cette charge, à qui avait été concédée la *testamenti factio* (1). Ce droit avait pour source originaire le *jus commercii*. Il était, en conséquence, refusé aux pérégrins et aux déditices. Au contraire, les latins coloniaires devaient pouvoir gérer la tutelle des citoyens romains. Ulpien nous apprend, en effet, qu'il avait fallu une disposition spéciale de la loi *Junia Norbana* pour enlever ce droit aux latins juniens qui jouissaient de la *testamenti factio* (*Reg.* t. xi, § 16).

Nous n'avons pas d'observations à présenter sur la tutelle légitime des agnats et des patrons; cette dernière est évidemment inapplicable à tous les étrangers qui, n'ayant point été réduits d'abord en servitude, ne sont point soumis et unis aux citoyens par les liens du patronage. La tutelle fiduciaire dérive du *mancipium*. Quant à la tutelle déférée par les magistrats, à Rome, en vertu de la loi *Atilia*, et, dans les provinces, en vertu de la loi *Julia Titia*, elle était, croyons-nous, accessible aux latins. Les Romains, dans le but de fortifier la puissance maritale et de maintenir la conservation des biens dans les familles, plus encore que pour porter remède à l'inexpérience et à la légèreté féminines, avaient mis les femmes en tutelle. Cette institution était évidemment inspirée par des raisons d'organisation sociale, qui en faisaient une pure création du droit civil. Cependant Gaïus nous apprend que, si les peuples étrangers n'avaient point tracé en cette matière des règles identiques à celles de la législation romaine, la tutelle des femmes était chez quelques-uns d'entre

(1) Dig.; L. 21 *De testamentaria tutela*, 26, 2.

eux fort en honneur, et il cite, comme s'étant rapprochée de la loi romaine, celle de Bithynie (G., c. 1, § 193).

§ 5. *De la curatelle.* — Les étrangers ne sont pas admis à bénéficier de l'institution de la curatelle créée d'abord par la loi des xii tables, dans l'intérêt des furieux et des prodigues, étendue plus tard comme mesure de protection aux sourds, aux muets, aux personnes atteintes d'imbécillité, et à celles qui, après avoir dépassé l'âge de la puberté, n'avaient point encore vingt-cinq ans accomplis.

DROITS DE PROPRIÉTÉ ET DE CRÉANCE

Le patrimoine est l'ensemble des biens d'une personne ; cette expression désigne le plus souvent les biens considérés comme formant une universalité juridique. Deux catégories principales de droits constituent le patrimoine : 1° le droit de propriété et ses démembrements ; 2° les droits de créances ou obligations. Après avoir examiné dans quelle mesure les étrangers étaient admis à participer aux droits résultant de l'organisation de la famille, nous devons maintenant apprécier quelle était la nature de leurs relations civiles avec les citoyens romains, au point de vue soit de l'acquisition, soit de la transmission ou de la condition juridique des biens. — Nous diviserons cette matière en deux parties.

§ 1. *Droit de propriété et ses démembrements.* — Nous nous trouvons ici en présence d'une double pérégrinité ; pour employer l'expression de M. Ortolan, il y a des choses étran-

gères comme il y a des personnes étrangères. Pendant longtemps
le seul territoire qui fût susceptible de recevoir l'empreinte de la
propriété quiritaire, qui pût s'acquérir et se transmettre par les
modes d'acquisition du droit civil, ce fut l'*ager romanus*, territoire très-restreint, limité aux environs de Rome et à quelques
campagnes du *Latium*. Quant au sol de l'Italie d'abord,
des autres provinces ensuite, les Romains n'en dépouillaient point
les peuples qui le possédaient, au fur et à mesure de leurs con-
quêtes. Ils se bornaient à mettre la main sur quelques territoires ;
les biens étaient acquis au trésor public ou distribués à des
citoyens, la plupart du temps à des vétérans (L. II Dig., 22, 2).
Mais la plus grande partie des terres étaient laissées aux mains
de leurs anciens propriétaires ; toutefois, le titre de ces derniers
ne consistait plus que dans une sorte de jouissance (1). Le droit
supérieur de propriété, le *dominium*, était réservé au peuple
romain. Sous l'empire, on distingua les provinces comprises
dans le domaine du peuple romain (*prædia stipendiaria*) et les
provinces mises dans le domaine de l'empereur (*prædia tribu-
toria*). Le titre, en vertu duquel les fonds provinciaux sont déte-
nus par leurs possesseurs, est donc essentiellement précaire et
révocable au gré de l'État. Ce dernier perçoit l'impôt comme
signe et reconnaissance de son *dominium*, et les possesseurs
l'acquittent pour se racheter du droit de révocation toujours sus-
pendu sur eux. Tel fut pendant longtemps la condition juridique
du sol de l'Italie elle-même ; mais, à une époque que l'on place
généralement au VII siècle de la fondation de Rome, à la fin
de la guerre connue sous le nom de guerre des Marses ou guerre
sociale, après la dictature de Sylla, les fonds italiques furent

(1) Gaïus, c. II, § 7.

assimilés à l'*ager romanus* originaire, de même que les Italiens se voyaient gratifiés du *jus civitatis*, s'appliquant spécialement à l'état des personnes. On appela *jus italicum* la prérogative concédée au sol italique. On est d'accord aujourd'hui pour voir dans le *jus italicum* un droit purement territorial, n'ayant aucune influence directe sur l'état des personnes. Les principaux effets de ce droit étaient de rendre les fonds auxquels il s'appliquait susceptibles de recevoir l'empreinte du *dominium ex jure quiritium*, et de pouvoir être acquis et transmis *secundum jus civile*. Les propriétaires des *prædia italica* étaient affranchis de l'impôt foncier; cette dernière redevance pesait au contraire sur les fonds provinciaux ; elle était en général du dixième ; seule l'Espagne ne payait que l'impôt du vingtième. Les fonds italiques étaient également soumis au cens, dénombrement périodique qui avait pour but de constater les ressources de l'état romain en hommes et choses. Parmi les priviléges tous personnels qui dérivaient du *jus italicum*, on remarque que les habitants d'une ville d'Italie ou de province, gratifiée du même droit, pouvaient, en vertu des lois *Julia* et *Papia-Poppæa*, être exemptés des charges de la tutelle et de la curatelle, s'ils avaient quatre enfants. Il fallait au contraire, dans les provinces, en avoir cinq pour obtenir la même exemption (Just., i, 25). La loi *Furia De Sponsa* avait décidé que les *sponsores* et les *fide promissores* seraient déliés de leurs engagements par l'expiration d'un laps de temps de deux ans, *biennio* ; ces sortes de cautions ne devaient être tenues en outre que *pro parte virili*. Cette loi n'était observée que pour l'Italie, dit Gaïus ; il y a lieu cependant d'assimiler à cette dernière contrée les villes qui avaient reçu le *jus italicum*. Mais ce n'étaient là que des avantages purement accidentels, et la concession du *jus italicum* conservait, ainsi que nous l'avons déjà dit, son caractère territorial. C'est ce qui explique pourquoi, après l'assimilation que l'empereur Caracalla établit entre tous les sujets de l'empire, au point de vue du droit de cité, des textes insérés au livre 50 du *Digeste de Censibus*, mentionnent un grand nombre de villes qui ont obtenu et conservé comme une faveur particulière, le *jus italicum*. Telles sont, d'après Ulpien, Tyr, la métropole de la Phénicie, Béryte, etc. Paul cite entre autres villes Antioche, en Syrie; Lyon et Vienne, dans la Gaule et la Narbonnaise.

A côté de la pérégrinité territoriale se place la pérégrinité personnelle. Le droit civil de Rome reconnaissait-il aux pérégrins le pouvoir d'être investis du titre de propriétaires? Oui sans doute, pourvu que l'on s'éloigne quelque peu des temps primitifs où l'étranger et le *hostis* se confondaient. Il faut cependant faire certaines distinctions tirées de la nature même des choses, et du caractère que le droit civil leur avait attribué, et de la diversité des modes d'acquisition. On sait que les anciens jurisconsultes distinguaient les *res mancipi* et les *res nec mancipi* (Ulpien, xix, § 1. — Gaïus, com. ii, § 15 et 17). On appelait *res mancipi* certains objets qui, dans la civilisation primitive de Rome, ville essentiellement agricole, furent considérés, sans doute, comme les plus précieux. Tels étaient les immeubles, maisons ou fonds de terre situés en Italie, les servitudes rustiques dans la même limite, les bêtes de somme et les esclaves. L'énumération des *res mancipi* était essentiellement limitative et tous les objets qui ne s'y trouvaient pas compris furent regardés comme *res nec mancipi*. Pendant longtemps les *res mancipi* ne purent jamais appartenir valablement aux pérégrins, car elles n'étaient susceptibles d'acquisition que par les modes solennels tracés par le droit civil, tels que la *mancipatio* et la *cessio*

in jure. Ces modes seuls conféraient le *dominium ex jure quiritium ;* et ce genre de propriété était alors le seul que l'on con-
nût. Mais plus tard la propriété quiritaire se dédoubla, pour ainsi
dire, au témoignage de Gaius (com. II, § 40 et 41). La *mancipatio* et la *cessio in jure* continuèrent à servir à la translation
du *dominium ;* mais un mode d'acquisition du droit des gens, la
tradition, vint peu à peu se substituer à elles, et il arriva qu'à
l'aide de ce dernier moyen des fonds italiques, par conséquent
des *res mancipi,* purent être aliénés. Quand la tradition éma-
nant du véritable propriétaire put consommer le transport d'une
chose en la puissance d'une autre, cette opération, bien que des-
tituée d'effets au point de vue du pur droit civil, fut sanctionnée
dans une large mesure. Le *tradens* conservait bien le domaine
quiritaire ; mais on reconnut, au profit de celui qui avait reçu la
chose, un droit que, suivant l'expression du jurisconsulte Théo-
phile, on a désigné sous le nom de propriété bonitaire. Celui qui
détient la chose *in bonis* a le droit d'en retirer tous les avantages
qu'elle peut produire ; s'il n'a pas le titre officiel de propriétaire,
il est en fait le maître de la chose. On comprend qu'à l'époque
où cette évolution s'accomplit dans la législation romaine, le pérégrin put aspirer à devenir propriétaire de choses qui, dans le droit
quiritaire, avaient été absolument réservées aux seuls citoyens.

Les jurisconsultes distinguèrent nettement les modes d'acquisition du droit des gens et ceux qui ne sont que des créations du
droit civil. (Dig., l. I, pr., *de acquirendo rerum Dominio.*) Cette
distinction est reproduite par Justinien dans ses Institutes.
(§ II, *de div. rebus.*) Les modes d'acquisition du droit des gens
accessibles aux pérégrins étaient :

1° *L'occupation.* — C'était là un mode originaire d'acquérir

la propriété, un de ceux qui convenaient le mieux au génie primitif de Rome. L'occupation consiste dans l'appréhension matérielle d'une chose avec l'intention de se l'approprier ; elle s'applique aux *res nullius* et aux *res derelictæ.* Mais c'est surtout
le moyen d'acquérir qui résulte directement de la conquête (*oc-
cupatio bellica*). En vertu de ce principe, le butin pris sur l'ennemi devient la propriété légitime de celui qui le conquiert, et
les hommes eux-mêmes sont réduits en esclavage (Just., § 17,
de div. rebus). L'acquisition de la propriété de l'homme par
l'homme est donc un titre reconnu et consacré par le droit
des gens, (Dig., l. 5, § 1, *de statu hominum.*) Aussi, n'a-t-on
jamais contesté aux pérégrins le droit de propriété sur leurs esclaves. Gaïus nous apprend même qu'un des chefs de la loi
Ælia-Sentia leur était applicable et leur interdisait d'affranchir
leurs esclaves *in fraudem creditorum* (G. c. ι, § 47.)

2° *De l'accession.* — Parmi les modes d'acquérir du droit
des gens, Justinien (Inst., § 19 et suiv., loc. cit.) place certains
évènements que les commentateurs ont désigné sous le nom générique d'accession.

3° *La tradition.* — Nous avons vu que la tradition était devenue avec le temps un moyen d'acquérir même la propriété des
res mancipi. Elle avait toujours eu le pouvoir de transférer le
dominium des *res nec mancipi.* Les pérégrins avaient donc la
faculté de devenir propriétaires de ces choses qui formaient une
classe très-nombreuse et comprenaient la plupart des objets sur
lesquels porte d'habitude le commerce. La distinction des *res
mancipi et nec mancipi* s'effaça sous l'empire ; la séparation de
la propriété en *dominium nudum ex jure quiritium et proprie-*

tas in bonis tomba elle-même en désuétude, et Justinien consa-
cra une réforme depuis longtemps introduite dans les usages en
ramenant la propriété romaine à son unité primitive. Dans la
constitution qui forme la loi unique au code *de nudo jure
quiritium tollendo*, il détruit les derniers vestiges de cette distinction. La tradition servira désormais à conférer la propriété
pleine et entière.

A coté des modes d'acquérir du droit des gens les jurisconsultes plaçaient les modes d'acquérir du droit civil. C'étaient
d'après Ulpien (Reg., xix, § 2) la *mancipatio*, la *cessio in jure*,
la *lex*, l'*adjudicatio* et l'*usucapio*. Nous savons déjà que le pérégrin ne peut figurer dans une *mancipatio* ou dans une *cessio
in jure*; il ne peut pas non plus acquérir *lege*, ce qui le rend
notamment incapable de recevoir une libéralité testamentaire.
Quant à l'*adjudicatio*, qui était prononcée par sentence du juge
dans les actions en partage appelées *actio familiæ erciscundæ et
communi dividendo*, elle ne pouvait transférer le *dominium* que
dans un *judicium legitimum* (Frag. Vatic., § 47).

L'*usucapio* servait à l'origine à rendre propriétaire celui qui
avait acquis une chose a *non domino*; plus tard elle eut aussi
pour résultat de transformer en propriété quiritaire la possession *in bonis* que créait la simple tradition. La loi des xii tables dans le paragraphe 6 de la 3ᵉ table interdisait déjà à l'é-
tranger ce mode d'acquérir par les termes devenus célèbres :
« *Adversus hostem æterna auctoritas* ». Gaïus constate également que l'*usucapio* se rattachait au pur droit civil : « *usuca-
pionis jus proprium romanorum est. — Com., ii, § 65.* » Toutefois l'idée même qui avait servi de fondement à l'usucapion,
avait un objet trop éminemment utile au point de vue de la sta-
bilité de la propriété foncière et une portée trop générale pour

qu'on ne l'étendit pas par des institutions analogues aux rapports soit des citoyens avec les provinciaux, soit des provinciaux entre eux. C'est à cet usage que servit la *prescriptio longi temporis*. La *prescriptio* consista d'abord dans une mention inscrite en tête de la formule délivrée aux plaideurs et permettant à la personne qui avait possédé une chose pendant un certain temps (dix ans entre présents et vingt ans entre absents) de repousser l'action en restitution dirigée contre elle. Les préteurs envoyés dans les provinces introduisirent dans leurs édits, à une époque qui n'a pas été exactement déterminée, cette règle protectrice pour les possesseurs qui ne pouvaient invoquer l'usucapion sur un sol insusceptible en droit strict de recevoir l'empreinte de la propriété privée. Cette institution fut confirmée par les empereurs (Dig., l. 76, 18, 1.) Dans le droit de Justinien l'*usucapio* et la *prescriptio longi temporis* cessent de coexister. Ce prince les réunit en une seule institution, qui garde le nom d'*usucapio*, mais qui emprunte à l'ancienne *prescriptio* la plupart de ses règles. Le délai de dix ans entre présents et vingt ans entre absents est notamment conservé (Inst., tit., 6, § 1); les vieilles distinctions entre le sol italique et le sol provincial ne subsistant plus, la nouvelle usucapion s'applique à toutes les parties de l'Empire.

Des servitudes. — On distinguait deux classes de servitudes, les servitudes prédiales ou réelles et les servitudes personnelles. Les servitudes prédiales *prædiorum rusticorum et urbanorum* pouvaient être constitués *jure civili* par voie de *mancipatio* ou de *cessio in jure ;* ces modes d'acquérir étaient évidemment fermés aux pérégrins. Mais à l'époque des grands jurisconsultes, le droit prétorien avait admis l'acquisition des servitudes *quasi*

traditione, « *Traditio plane,* dit Ulpien, *et patientia servitu-
tum inducet officium prætoris* (L. 1, § 2, Dig., 8, 3). L'exercice d'une certaine charge soufferte par le propriétaire d'un
fonds constituait une *quasi possessio,* qui remplaçait les modes
d'acquisition du droit civil. La servitude pouvait même être *de-
ducta in traditione* (L. 6, Dig., 8, 4). La quasi tradition comme
la tradition, étant un mode d'acquérir du droit des gens, devait
être accessible aux pérégrins. Quant au sol provincial, sur lequel, à proprement parler, les divers démembrements du *dominium* ne pouvaient exister, pas plus que le *dominium* lui-même,
on dut employer de bonne heure, à défaut de la *mancipatio* et
de la *cessio in jure,* les modes du *jus gentium* pour constituer
des droits ayant le caractère de servitudes. C'est ainsi que Gaïus
nous enseigne qu'on se servait à cet effet des pactes et stipula-
tions (c. 11, § 31). La servitude, ou du moins l'équivalent de ce
qui forme en droit strict une servitude, pouvait aussi s'acquérir
par la quasi possession. (l. 3, cod., 3, 4.)

En ce qui concerne la constitution des servitudes personnelles, notamment de l'usufruit, il importe ainsi de distinguer, au
point de vue des pérégrins, les modes d'acquérir du droit des
gens et ceux du droit civil.

Tels sont les moyens d'acquérir la propriété et ses démembrements accessibles aux étrangers ; il nous reste encore à examiner sur cette matière les modes d'acquérir *per universitatem.*

§ 1. *Testament.* — La faculté de tester n'était pas de droit
commun dans la législation romaine. Le droit de disposer ou de
recevoir par testament était essentiellement un attribut du *jus
civile.* (L. 3, Dig., 28. 2.) — Ulpien (Reg. xxii, § 1) dit que
pour être institué héritier, il faut avoir la *factio testamenti* avec

lo testateur. Les commentateurs ont désigné sous le nom de *factio testamenti* active la faculté de transmettre et sous le nom de *factio testamenti* passive, la faculté de recevoir par testament. Les pérégrins n'avaient la *factio testamenti* ni dans l'une ni dans l'autre acception. (Comp. Ulpien, Reg. xx, § 14 et xxii, § 2.) Du reste, cette incapacité ne s'appliquait qu'aux pérégrins proprement dits. Quant aux Latins, comme ils jouissaient du *jus commercii*, leur situation était plus favorable. Ils pouvaient bénéficier des dispositions d'un testament et tester eux-mêmes suivant les formes du droit civil. Il faut toutefois faire une exception au détriment de la classe particulière d'affranchis, qu'on nommait les latins Juniens. Une clause spéciale de la loi *Junia Norbana* leur avait enlevé le pouvoir d'instituer un héritier; leurs biens retournaient à leurs patrons, *tanquam peculia servorum* (G. C. iii, § 58.) De même, ils ne pouvaient être investis d'une hérédité testamentaire; mais, à ce point de vue, ce qui leur manquait, c'était plutôt le *jus capiendi* que la *factio testamenti*; s'ils acquéraient le droit de cité, l'institution dont ils avaient été l'objet recevait son exécution. (Ulp., xxii, § 3.) Le latin Junien pouvait prendre part à la confection d'un testament en qualité de témoin; il pouvait figurer comme *libripens* ou comme *familiæ emptor* dans un testament *per æs et libram*. Le pérégrin n'avait point une semblable capacité; car il était de principe que pour être témoin il fallait avoir la *factio testamenti*. Il était cependant un cas où les étrangers devenaient capables de recevoir une hérédité: c'était lorsqu'ils avaient été institués par un militaire (G. C. ii, § 110.) Du reste, on leur reconnaissait le droit de disposer de leurs biens suivant les formes et conditions prescrites par leurs lois nationales; seuls les déditices, qui formaient, comme nous l'avons vu, la classe la plus

méprisée et la plus avilie des personnes libres, étaient dépouil-
lés complétement de cette faculté ; car ils n'avaient aucune patrie.

L'incapacité qui en principe frappait les pérégrins et les em-
pêchait d'être institués suivant les modes testamentaires tracés
par le droit civil et les rapports de plus en plus fréquents qu'ils
avaient avec les citoyens romains avaient fait chercher de bonne
heure le moyen d'éluder à leur profit les prohibitions de la loi.
Telle fut en grande partie la cause de la création des *Fidéicommis*. « *Fere hæc fuit origo fideicommissorum.* » Le Fidéicommis
était une disposition de dernière volonté par laquelle une personne instituait pour héritier apparent un individu capable de
recevoir d'elle *ex testamento*, mais en le chargeant de remettre
le bénéfice de cette institution à un tiers qui ne pouvait en être
directement gratifié. Telle était le sens et la portée du *Fidei-
commis*, du moins, lorsqu'un étranger était appelé à en recueil-
lir l'émolument. Cette institution ne fut pas entravée à l'origine ;
elle restait, il est vrai, en dehors du droit civil ; mais elle fut
entourée d'une certaine protection. Auguste fit respecter la foi
due à certaines recommandations fidéicommissaires, et on créa
un *prætor fideicommissarius* pour rendre la justice en cette
matière. Mais, tandis que le domaine du *jus gentium* s'élargis-
sait et recevait chaque jour de nouveaux droits accessibles aux
pérégrins, une révolution en sens inverse s'accomplissait en
matière de *fidéicommis*. A la tolérance et à la faveur première
avec laquelle on avait accueilli les dispositions faites au profit des
pérégrins succéda une rigueur absolue. Ce fut un sénatus-consulte rendu sur la propositon d'Hadrien, qui leur enleva la faculté de recevoir par *fidéicommis*, et décida que toutes les libé-
ralités qui leur seraient faites par ce moyen demeureraient ac-
quises au fisc (G. C. II, § 285).

A côté des dispositions testamentaires, nous devons ranger les autres modes d'acquérir à titre gratuit, tels que la donation entre vifs et la donation à cause de mort. Les pérégrins pouvaient-ils recevoir par donation entre vifs? Cela dépendait du moyen employé pour réaliser ce contrat. S'accomplissait-il par la tradition de la chose donnée? Ccomme c'était là un mode d'acquérir du droit des gens, les pérégrins pouvaient sans doute être gratifiés de cette façon. Sous Justinien, la donation devint un *pactum legitimum* obligatoire par lui-même; il est probable que les pérégrins, d'ailleurs fort peu nombreux à cette époque dans l'empire, pouvaient employer la *condictio ex lege* accordée au donataire pour exiger la tradition de la chose donnée. Les jurisconsultes romains furent plus sévères en ce qui concernait la faculté de disposer et de recevoir *mortis causa*. Il paraît résulter d'une façon certaine des textes que, pour prendre part à une donation à cause de mort comme donateur ou donataire, il fallait jouir de la *factio testamenti* (L. 1, § 1, Dig., 27, 3. — L. 32, § 8, 24, 1. — L. 9, 39, 6). La question toutefois est controversée, et M. Demangeat notamment soutient que le *peregrinus* pouvait faire une donation à cause de mort.

§ 1. *Droits de créance.* — Les faits juridiques qui donnent naissance aux obligations peuvent être groupés dans quatre grandes classes : « *Divisio in quatuor species deducitur : aut enim ex contractu sunt, aut quasi ex contractu, aut maleficio, aut quasi ex maleficio* ». C'est la division adoptée par Justinien et c'est celle qui nous paraît la plus nette, celle de Gaïus nous semblant un peu métaphorique (*variæ causarum figuræ*) et celle de Modestin confuse (L. 52, Dig., 44, 7). Examinons, en parcourant successivement ces quatre sources d'obligations, quels étaient les droits dont les pérégrins étaient appelés à jouir :

1° *Les contrats.* — On sait que les contrats en droit romain sont les conventions qui ont reçu un *nomen* spécial et qui sont munies d'une action. On distingue les obligations contractuelles d'après la forme extérieure qui leur sert de *causa civilis ;* à ce point de vue elles naissent *re, verbis, litteris et consensu* (G. C. III, § 88). Les contrats *re* sont ceux qui se forment par la prestation matérielle de la chose qui en fait l'objet. Tels sont le *mutuum,* le *commodat,* le dépôt et le gage. Les pérégrins pouvaient-ils figurer dans ces contrats et bénéficier des obligations qui en découlaient ? Ce droit dut leur être refusé à l'origine ; mais le progrès des mœurs et le développement des transactions le leur fît plus tard concéder. En effet, dans l'ancien droit quiritaire, un certain nombre de contrats parmi lesquels se trouvaient les contrats de prêt, se concluaient *per æs et libram,* avec des solennités particulières qui portaient le nom générique de *nexum.* « *Nexum est,* dit Festus d'après Ælius Gallus, *quodcumque per æs et libram geritur.* » Il fallait avoir le *jus commercii* pour intervenir dans ces formes solennelles, et on sait quelle sanction rigoureuse le droit civil attachait à l'obligation ainsi contractée. Les pérégrins ne pouvaient à aucun titre s'y trouver mêlés ; mais à côté du *mutuum* accompagné de *nexum* on admit le *mutuum* simple se formant par la seule tradition de la chose. Le *mutuum,* bien que pourvu d'une action de droit strict, devint alors un contrat du droit des gens et les pérégrins purent y prendre part.

Le type de l'*obligatio verbis* c'est la stipulation. La stipulation est moins un contrat particulier qu'une forme générale susceptible de s'adapter à toutes les conventions et de les ren-

dre efficaces. « *Quarum totidem genera sunt quot rerum con-
trahendarum* (Inst. III, § 18) ». La stipulation suppose un échange d'interrogations et de réponses, suivant les termes consacrés
par la loi. Il est probable qu'à l'origine, dans l'ancienne Rome,
elle fut considérée comme une forme d'engagement réservée
aux seuls citoyens, et comme une institution du pur droit civil.
Mais cette théorie exclusive dut bientôt se modifier sous la
pression des nécessités pratiques, que créaient les rapports chaque jour plus nombreux des citoyens et des étrangers. Gaïus nous
apprend que la formation d'un contrat à l'aide de la stipulation
est en principe accessible aux pérégrins(1). Une seule formule,
celle qui consiste dans les termes *spondesne? spondeo*, demeure
réservée aux citoyens. C'était la formule quiritaire par excellence ; les empereurs romains l'employaient lorsqu'ils concluaient
un traité de paix avec des princes étrangers (G., C. III § 03).
Plus tard, vers l'an 409 de notre ère, l'empereur Léon abolit
toute distinction entre les diverses formules et décida qu'elles
pourraient être employées indifféremment (L. 8, Cod. 38, 10).
Les pérégrins pouvaient être *fidepromissores* ou *fidejussores*.
On sait que l'héritier du *fidepromissor* ne succède pas aux obligations de son auteur. Cependant, si le *fidepromissor* est pérégrin et que les lois ou coutumes de sa cité contiennent une règle
contraire, c'est cette dernière qu'il faut suivre (G. Com. III, § 120).
Ce texte prouve une fois de plus que les pérégrins, outre leur
participation à une grande partie des droits accordés aux ci-

---

(1) De même que les pérégrins ont le droit de contracter *verbis*, ils
peuvent, par le même mode, éteindre une obligation. L'acceptilation est
considérée comme un mode d'extinction du droit des gens (L. 8, § 4,
Dig. *de acceptilatione*).

toyens romains, continuaient à conserver dans certaines matières leur législation nationale.

Les pérégrins pouvaient aussi s'obliger *litteris*. Aucun doute en ce qui touche les *arcaria nomina* qui n'étaient que de simples instruments destinés à fournir la preuve d'obligations préexistantes et à la source desquelles il faut se placer pour savoir si les pérégrins pouvaient s'y soumettre ou en bénéficier. Il n'y avait là que l'inscription sur un registre d'un fait juridique déjà réalisé. Ainsi, quand j'ai reçu de vous à titre de prêt une certaine somme, et que je mentionne cette prestation sur mes *tabulæ*, ce qui engendre contre moi une obligation, ce n'est pas cette inscription, mais la numération des espèces que j'ai reçues. Or, cette prestation est essentiellement régie par le droit des gens. « *Numeratio autem pecuniæ jure naturali facit obligationem* (G. C. III, § 131). Il y avait quelque difficulté au sujet des *nomina transcriptitia*. On sait que le *nomen transcriptitium* avait lieu de deux manières : 1° *a re in personam*, lorsqu'une personne, engagée par exemple à titre de louage ou de vente, consentait à s'obliger par contrat littéral, en laissant inscrire la mention *expensum* sur le registre de son créancier ; 2° *a persona in personam* lorsque le débiteur déléguait à sa place un autre débiteur. Le jurisconsulte Nerva, de l'école proculéienne, déniait aux pérégrins le droit d'employer l'un ou l'autre de ces modes d'obligation. Cassius et Sabinus au contraire, tout en refusant aux pérégrins la faculté de se servir du *nomen transcriptitium a persona in personam*, l'autorisaient à invoquer le *nomen transcriptitium a re in personam* (Gaïus, C. III § 133). Du reste, d'après Gaïus, le contrat littéral spécial aux pérégrins et qui avait été, pour ainsi dire, créé à leur usage, c'était celui qui résultait de la rédaction d'un *syngraphum* ou d'un *chirographum*.

Ces écrits devaient ressembler beaucoup à nos actes sous seing privé. Nous avons au Digeste dans un fragment du jurisconsulte Neratius l'exemple et le modèle d'un *chirographum* : « *Ab Aulo Agerio Gaïus Seïus mutuum quamdam quantitatem accepit hoc chirographo : Ille scripsit me accepisse, et accepit ab illo mutuos et numeratos decem quos ei reddam kalendis illis proximis cum suis usuris placitis inter nos* (L. 41, § 2. Dig., *De usuris*, 22, 1). Il nous semble résulter du texte de Gaïus (C. III, § 134) que le *syngraphum* et le *chirographum* constituaient de véritables contrats littéraux et non de simples instruments probatoires. Mais, dans le droit de Justinien et même dans la constitution des empereurs qui le précèdent (L. 14 Cod 8, 43 constitution de Maximien et Dioclétien, l. 13 Cod ; 30, 4. Constit. de Justin.) les *chirographa* tendent à se confondre avec les *cautiones*, simples instruments de preuve. Les *syngraphæ* ont alors à peu près complétement disparu. Quant aux *chirographa*, ils servent le plus souvent à constater l'existence d'un *mutuum*. La cause de l'obligation se trouve alors dans la numération des espèces. Par une dérogation toute spéciale aux règles qui régissent la force probante des actes, le débiteur à qui on représente un *chirographum* signé de lui peut rejeter sur le créancier l'obligation de prouver que le prêt a été réellement effectué ; c'est ce que l'on appelait l'exception *non numeratæ pecuniæ*. Dans le dernier état de la législation, le défendeur fut admis à s'en prévaloir pendant deux ans (Just. *De litt.*, oblig.) Ce n'était qu'après l'expiration de ce délai que le contenu de l'acte était réputé l'expression de la vérité, et que l'on pouvait dire que le débiteur se trouvait dans une certaine mesure obligé *litteris*.

Les contrats dont *la causa civilis* réside dans le seul consentement sont : la vente, le louage, la société et le mandat. Ce sont par excellence des contrats du droit des gens, ceux qui créent entre les hommes, à quelque nation ou à quelque condition qu'ils appartiennent, les rapports les plus fréquents. Aussi les jurisconsultes romains étaient-ils unanimes à leur reconnaitre cette qualité *de contractus juris gentium;* (L. 5. Dig., *de justitia et jure.* — l. 1. § 2 *de contract., empt;* — l. 15. *de deportalis).* Les pérégrins pouvaient librement y prendre part (1). L'échange qui a précédé l'institution de la vente dans l'ordre économique était certainement aussi un contrat du droit des gens. Quant aux pactes qui sont joints aux contrats dont nous venons de parler, ils participent à leur caractère, *transeunt in proprium nomen contractus.*

Les mêmes principes sont applicables aux obligations nées *quasi ex contractu;* ces dernières offrent avec les obligations contractuelles les plus grandes analogies. Les *quasi* contrats qui dérivent de la tutelle et de l'institution d'héritier ne sont pas, il est vrai, à cause de leur nature spéciale susceptibles de s'étendre aux pérégrins. Mais nous pensons que ces derniers peuvent prendre part au *quasi* contrat de gestion d'affaires. L'action *negotiorum gestorum* se rapproche beaucoup de l'action *mandati.* (L. 1. princ., Dig., *de Oblig. et Action.) La condictio indebiti* offre également une très-grande analogie avec l'action qui dérive du *mutuum :* « *perinde is tenetur qui accipit obligatur ac si mutuum illi daretur, et ideo condictione tenetur.* » (Just., III, 27, § 6).

---

(1) D'après M. Maintz, *Éléments de droit romain,* T. II, la règle qu'en droit romain le vendeur n'est obligé de transférer à l'acquéreur que la *vacua possessio* de la chose vendue prend sa source dans ce fait : qu'entre *cives* et *peregrini* il ne peut être question de la translation du *dominium.*

La dernière source des obligations vient des délits et des faits assimilés aux délits. On applique à ces derniers, pour plus de simplicité dans le langage, le nom de quasi-délits ; mais en réalité cette expression était inconnue dans la langue juridique de Rome. Le délit en droit romain est le fait illicite et dommageable, volontaire ou involontaire, qui a été dénommé comme tel par la loi civile. Les autres faits offrant le même caractère, qui n'ont reçu que peu à peu une sanction particulière, rentrent dans la catégorie des « *variæ causarum figuræ* », dont parle Gaïus. Dans la rigueur des principes, l'action résultant du *furtum* ou *du damnum injuria datum* n'aurait pas dû être donnée aux pérégrins. Mais toute loi pénale dut être dès l'origine appliquée à ces derniers, car on ne pouvait leur assurer l'impunité. D'autre part, l'équité voulait qu'ils obtinssent réparation des actes dommageables commis à leur préjudice ; la maxime « *alterum non lœdere* » commençait à être regardée comme l'expression d'un principe de droit naturel. Les préteurs trouvèrent le moyen de concilier les exigences de l'équité avec le rigorisme exclusif du droit quiritaire, en créant les actions fictices. Gaïus nous apprend que lorsqu'un pérégrin voulait obtenir réparation d'un *furtum*, ou qu'on l'actionnait lui-même, on lui attribuait momentanément, et par pure fiction, la qualité de citoyen romain. Dans ce cas la formule était ainsi conçue : « *Judex esto, si paret ope consiliove Dionis Hermœci filii furtum factum esse paterœ aureœ, quamobrem eum si civis romanus esset, pro jure damnum decidere oporteret.* » Gaïus ne parle de la nécessité de cette fiction que pour deux cas : celui du *furtum*, délit prévu et puni par la loi des XII tables, et celui du *damnum injuria datum*, délit réprimé par la loi *Aquilia*. Il est dès lors probable qu'il n'était pas nécessaire d'insérer la même mention fictive dans la formule, quand il s'agissait d'actions établies par le préteur, par exemple celles *de effusis* et *dejectis.* (G. C. IV. § 37).

Après avoir examiné les droits que les pérégrins sont capables d'invoquer, il nous reste à voir comment ils étaient autorisés à les mettre en œuvre, c'est-à-dire quelles étaient les règles spéciales de procédure qui les concernaient. L'ancien système des actions de la loi, tout imprégné de l'esprit grossier et intolérant des *quirites*, avec son cortège de rites consacrés et son *fétichisme* symbolique, était complétement inaccessible aux pérégrins. Cependant le nombre de ces derniers augmentait sans cesse dans les murs de Rome ; étrangers ayant quitté leur patrie sans espoir de retour, provinciaux ou alliés s'y pressaient en foule ; des conflits d'intérêts se produisaient. Il fallut, à côté des tribunaux réservés aux citoyens, créer une juridiction spéciale, qui pût connaître des litiges qui s'élevaient entre les étrangers entre eux ou entre les étrangers et les citoyens. Telle fut l'origine de la création de la préture pérégrine, vers l'an 507 de l'ère romaine. Un magistrat désigné sous le nom de *prætor peregrinus* fut chargé de la *jurisdictio* dans les rapports des personnes dont nous venons de parler. (Pomponius. Dig., l. 1 § 28 *de Orig.*, *jur.*). Les formes tracées par le *jus civile* pour l'exercice des actions ne pouvaient être suivies devant ce tribunal. Le préteur pérégrin entendait l'exposé des faits litigieux énoncés par les parties et leur remettait une formule ou sentence conditionnelle, suivant la juste expression de M. de Savigny. Les parties se rendaient devant des *recuperatores*, chargés de vérifier le point de fait du procès et de prononcer, s'il y avait lieu, une condamnation. Les *recuperatores* devaient être au nombre de cinq et pouvaient être choisis en dehors de l'*ordo senatorius*, auquel appartenait nécessairement l'*unus judex*, avant la loi *Sempronia*, rendue vers l'an 631 de Rome. Les premières formules dressées pour l'usage des pérégrins étaient conçues *in factum ;* mais plus tard, lorsque le système formulaire fut entré dans le droit civil, grâce à la loi *Æbutia* et aux deux lois *Juliæ judiciariæ,* on put employer à leur profit ou contre eux des actions *fictitiæ in jus.* Le système de procédure inauguré par le droit des gens avait vaincu le vieux système formaliste de l'ancienne Rome. On en arriva même à reconnaître aux pérégrins le droit d'être investis des fonctions de *judex.* (Gaïus, C. IV. § 105.) Mais la présence d'un pérégrin comme plaideur ou comme juge dans une instance avait pour effet d'enlever à cette dernière le caractère de *judicium legitimum.* Il y avait alors ce que l'on appelait un *judicium imperio continens,* ainsi nommé parce qu'il ne conservait sa force que pendant la durée de l'*imperium* du magistrat qui avait organisé l'instance. Dans ce cas, si le demandeur, après avoir actionné une première fois son adversaire, voulait agir une seconde fois contre lui, il pouvait le faire ; tandis que l'action primitive se trouvait éteinte de plein droit dans un *judicium legitimum,* le *judicium imperio continens* ne produisait pas les mêmes effets. Mais on accordait au défendeur l'exception *rei judicatæ* ou *rei in judicium deductæ.* (G. IV. § 106.).

CHAPITRE III

COMMENT LES PÉRÉGRINS POUVAIENT ACQUÉRIR LE DROIT DE CITÉ ROMAINE

Il nous reste à examiner les moyens mis à la disposition des pérégrins pour acquérir avec le droit de cité romaine la plénitude des droits civils. Le droit de conférer le *jus civitalis* appartint d'abord aux rois, puis au peuple. Ce pouvoir fut même délégué vers la fin de la République à certains généraux plus particulièrement investis de la confiance du peuple romain. Cicéron nous apprend dans son intéressant plaidoyer pour Balbus qu'en l'an 682 de Rome, les consuls L. Gellius Poplicola et C. Cornelius Lentulus avaient fait voter une loi pour reconnaître citoyens tous les étrangers à qui Pompée, sur l'avis de son conseil, aurait décerné ce titre, à la suite de la campagne qu'il venait de faire en Espagne contre Sertorius. Déjà, avant Pompée, Marius avait joui du même droit. Les prérogatives attachées, à cette époque, à la qualité de citoyen romain, le prestige qui entourait le « *civis sum romanus* » faisaient de ce titre l'objet des sollicitations de presque tous les peuples. Vers le milieu du VII° siècle *ab Urbe condita* une foule de Latins et d'alliés se firent inscrire par fraude sur les registres du cens pour se trouver classés parmi les citoyens. En l'an 658, les consuls L. Licinius Crassus et Q. Mutius Scævola pour réprimer cet abus firent rendre une loi qui punissait de mort l'usurpation du titre de citoyen. (Cic., *pro Balbo*, n° 21 et 24.). Mais cette loi tomba en désuétude, et les concessions de la *civitas romana* se multiplièrent. On sait qu'à la fin de la guerre terrible qui mit Rome en péril et que les historiens ont appelée la guerre sociale, les revendications des peuples de l'Italie (1) réclamant le droit de cité, au nom des anciens et nombreux services qu'ils avaient rendus à la cause romaine, furent enfin accueillies. La loi *Plautia Papiria* accorda même le droit de cité aux pérégrins qui, sans être citoyens d'une ville d'Italie, y avaient établi leur résidence. (Cicér., *pro Archia*, § 4.). On n'exigeait de la part de l'étranger ainsi gratifié du *jus civitatis* aucune des épreuves spéciales qui précèdent chez nous la naturalisation. Il paraît cependant qu'en fait on ne concédait le titre de citoyen qu'à ceux qui s'étaient distingués au service de Rome. On demandait même au début que l'acquisition de la cité fut complétée par une inscription sur les régistres du cens, et il y a des exemples de refus de semblables inscriptions prononcées par des censeurs patriciens. (V. Tite-Live, liv. 39, § 39). Quant aux villes ou nations qui recevaient d'une façon collective le *jus civitatis* il paraît résulter de certains textes et notamment du plaidoyer déjà cité de Cicéron pour L. Cornélius Balbus qu'une condition préalable de l'admission de ces peuples dans le sein de la cité romaine, c'était leur soumission en tout ou en partie aux lois et coutumes de Rome. On les désignait alors sous le nom de *populi fundi* ou *civitatis fundaneæ*. (Cicér., *pro Balbo*, n° 8).

Un moyen facile d'arriver à la cité était de se vendre à un citoyen avec qui l'on était lié d'amitié pour se faire aussitôt af-

---

(1) On sait que les provinces italiennes qui sont aujourd'hui désignées sous le nom de Piémont et de Lombardie formaient à cette époque la Gaule Cisalpine.

franchir par lui, l'affranchissement suivant les formes légales emportant, pour celui qui en était l'objet, acquisition du *jus civitatis*. Les Latins étaient dans une situation très-favorable pour devenir *cives romani*. Leur communauté d'origine avec le peuple romain faisait quelquefois fléchir l'esprit orgueilleux et méfiant des vieux *quirites*. Tite-Live (41. 8) indique que les Latins qui avaient fixé leur domicile à Rome pouvaient se faire inscrire sur les registres du cens. Tout Latin qui avait exercé dans sa ville une magistrature locale pouvait acquérir le *jus civitatis cum suffragio ;* ce dernier mode d'acquisition de la cité se trouve exposé dans un passage, d'ailleurs fort incomplet, de Gaïus (C. 1. § 96). M. Fustel de Coulanges (1) cite comme une autre source l'histoire des guerres civiles d'Appien. Enfin la loi *Servilia repetundarum* accordait le droit de cité au Latin qui avait dénoncé et fait condamner un magistrat pour crime de concussion.

A la chute de la République, les empereurs s'attribuèrent de concert avec le Sénat le droit de décerner le titre de citoyen romain. Ils en firent de très-nombreuses concessions. Velléius Paterculus, dans son *Histoire abrégée* (§ 15 et 16), mentionne, au milieu d'une longue liste de colonies romaines, diverses villes à qui Auguste avait concédé le droit de cité. Claude accorda le même droit à une partie de la Gaule, et, sous son règne, le nombre des citoyens s'éleva jusqu'au chiffre de sept millions. Il n'était que de cinq cent mille à la fin du VIIᵉ de Rome. La Grèce, sous Néron, l'Espagne, sous Trajan, furent particulièrement favorisées. Sous Trajan, on vit le descendant du Gadétain, Balbus, le client de Cicéron, recevoir les honneurs du Consulat

_____

(1) Op. cit., l. V. chap. II.

et du triomphe. Ce fut, au témoignage de Pline l'Ancien, le premier étranger admis au droit de cité qui eût encore reçu une semblable distinction. C'est sans doute au début de l'époque impériale qu'il faut faire remonter l'origine d'un sénatus-consulte dont parle Gaïus, et qui eut pour effet de créer, au profit des pérégrins, un nouveau moyen d'acquérir le droit de cité. Il s'agit de ce que l'on a appelé l'*erroris causæ probatio*. Si un citoyen romain épouse une pérégrine, la croyant citoyenne romaine, et qu'un enfant soit né de cette union, il peut prouver son erreur et obtenir ainsi la concession du *jus civitatis* pour sa femme et son enfant. De même, si une citoyenne romaine s'est unie un pérégrin, qu'elle croyait appartenir comme elle à la cité romaine, elle peut aussi *causam erroris probare*, et, à la suite de cette preuve, son enfant et son mari deviendront citoyens romains. La même décision est applicable au cas où un latin épouse une pérégrine la croyant citoyenne romaine, ou si une latine se marie, dans la même pensée, à un pérégrin. Enfin, le même résultat se produit si un citoyen romain, qui se croyait pérégrin, a épousé une femme de cette dernière condition. Dans tous ces cas, les deux époux peuvent établir leur erreur, *filio nato*, et tous ceux qui n'étaient pas encore gratifiés de la cité romaine l'obtiennent. Les enfants nés de semblables unions tombent même sous la puissance de leurs pères (G., c. i, § 68 et suiv.). Nous pensons que les cas ainsi soigneusement énumérés par le jurisconsulte sont de droit étroit ; par conséquent, la règle qui les régit n'est pas applicable, par voie d'analogie, à toutes les circonstances où il s'agit d'un mariage contracté par erreur entre personnes de condition inégale. A côté de l'*erroris causæ probatio* se trouvait la *causæ probatio*, moyen d'acquérir le droit de cité concédé aux latins Juniens ; mais nous n'avons pas à parler de cette dernière classe de personnes, qui ne sont pas des citoyens proprement dits. L'étude de leur condition civile rentre plutôt dans la matière des affranchissements. Seuls entre toutes les personnes libres admises progressivement dans la cité, les déditices s'en virent toujours refuser l'accès. Ni les lois, ni les sénatus-consultes, ni les constitutions impériales ne les arrachèrent à la situation misérable dans laquelle ils étaient condamnés à demeurer (G., c. 1, § 26). La citoyenne romaine qui a épousé un déditice peut bien en prouvant son erreur faire obtenir à ses enfants la qualité de citoyen ; mais ce titre sera toujours refusé à son mari. Nous ne trouvons qu'un seul cas où une personne *in causa dediticii* peut acquérir le *jus civitatis*. Il s'agit de l'esclave institué héritier par son maître insolvable, pour que le déshonneur de la *venditio bonorum* retombe sur sa tête (Ulp. Reg., 1, § 14). Dans ce cas, on accordait à l'esclave le droit de devenir libre et citoyen, alors même que son infamie primitive eût dû le faire ranger dans la classe des déditices. Du reste, la condition du déditice ne se transmettait pas à ses descendants ; ceux-ci étaient des pérégrins ordinaires et pouvaient aspirer à entrer dans la cité romaine. Le nombre des déditices diminua dans les derniers temps de l'empire, et Justinien supprima enfin, dans une de ses constitutions (L. 1, cod. 7, 5), cette classe inférieure des personnes libres.

Tels étaient les moyens à l'aide desquels les étrangers pouvaient changer leur condition juridique et devenir citoyens de Rome. Mais la source la plus abondante des admissions dans la *civitas romana* se trouva toujours dans les concessions individuelles ou générales dont les empereurs gratifièrent un grand nombre de leurs sujets. Nous avons vu ces concessions se multiplier sous les derniers Césars ; sous les Antonins, elles devinrent encore plus fréquentes. Les droits politiques du citoyen étaient à peu près nuls ; mais les droits civils, que ce titre conférait, étaient encore fort recherchés. Un historien, Aurelius Victor, constate que Marc Aurèle distribuait à profusion le *jus civitatis* : « *Data cunctis promiscui civitas romana.* » Enfin, un des successeurs de ce prince, Antonin Caracalla, rendit un décret qui compléta l'assimilation au point de vue juridique des divers habitants du monde romain. Il concéda le droit de cité à toutes les personnes libres qui résidaient sur le territoire de l'empire, depuis le détroit de Gadès jusqu'aux bords de l'Euphrate. Cette constitution, célèbre dans l'histoire du droit romain, ne paraît pas avoir vivement frappé l'esprit des contemporains. Son existence, bien que certaine, ne se trouve constatée que par deux textes du *corpus juris*. Le premier est une phrase d'Ulpien (L. 17, Dig. de *Statu hominum*) ainsi conçue : « *In orbe romano qui sunt ex constitutione imperatoris Antonini cives effecti sunt.* » Justinien, de son côté, dans le chapitre v de la *Novelle* LXXVIII, s'exprime en ces termes : « *Sicut Antoninus Pius cognominatus, et quo etiam ad nos appellatio hæc pervenit, jus romanæ civitatis prius ab unoquoque subjectorum petitus et toliter ex iis qui vocantur peregrini ad romanam ingenuitatem deducens, hoc ille omnibus in commune subjectis donavit.* » Ce texte contient une erreur qui a été relevée et sur laquelle il ne peut exister le moindre doute. Justinien attribue à Antonin le Pieux la communication du droit de cité à tous les sujets de l'empire ; mais cette assertion est manifestement inexacte (1). L'historien Dion

---

(1) On a fait remarquer avec raison qu'Ulpien, qui vécut sous Septime Sévère et Caracalla, emploie le mot de « *imperator* » pour désigner le prince qui édicta la mesure dont il parle, et que, lorsqu'un auteur fait mention d'un empereur décédé, il emploie l'expression de *divus*.

Cassius, qui a consacré un chapitre de son ouvrage (liv. 77 n° 9) à la narration du règne de l'empereur Caracalla, constate d'une façon incidente, mais non équivoque, que c'est ce prince qui a concédé la *civitas romana* à tous les pérégrins habitants de l'empire. Le motif qui aurait inspiré cette mesure est bien en rapport avec les sentiments connus du fils de Septime Sévère. Après avoir relaté divers méfaits de Caracalla, Dion Cassius ajoute : « Il établit de nouveaux impôts, entre autres celui du dixième, en remplacement de celui du vingtième dont il frappa les affranchissements, les legs, etc. (C'est pour cela que tous les habitants de l'empire furent déclarés citoyens romains, en apparence à titre d'honneur, λόγῳ μὲν τιμῶν, mais en réalité pour donner un plus grand revenu à l'empereur, attendu que les étrangers étaient exempts de la plupart de ces taxes (1). » Telle fut la mesure qui, dans un intérêt fiscal, consomma une des plus grandes révolutions juridiques dont l'histoire du droit fasse mention. L'authenticité de la constitution de Caracalla n'est pas suspectée, mais on a beaucoup discuté sur sa portée et son étendue. Eut-elle pour effet d'attribuer le droit de cité romaine seulement aux habitants de l'empire sous Caracalla, ou bien, au contraire, dut-elle s'étendre *in futurum* à tous les peuples, à mesure qu'ils rentreraient dans les limites de l'empire romain ? C'est la première interprétation qui prévaut aujourd'hui ; et nous croyons que c'est à celle-là qu'il faut se rattacher. La mesure prise par Caracalla ne fut, dans l'esprit de son auteur, qu'une spéculation financière, qu'un expédient fiscal ; et son successeur, l'empereur Macrin, tout en respectant les conséquences juridiques de ce décret, fit rentrer dans leurs anciennes limites les impôts qu'il

(1) Édition Firmin Didot, t. x.

4

avait eu pour but d'accroître. Il ne faut point attribuer à Caracalla des visées plus hautes, et certainement il ne dut guère songer à l'avenir. Un point sur lequel on est généralement d'accord,
c'est que, si la constitution que nous venons de rapporter a eu
pour effet d'investir du titre de citoyen les latins coloniaires et
les pérégrins vivant sur le territoire de l'Empire, elle ne produisit
aucun changement dans la condition des déditices et des latins
juniens. Ce fut Justinien qui réalisa cette réforme. Seules à
l'époque où légiférait ce dernier empereur, les personnes qui
avaient perdu la cité par suite de condamnations continuaient à
avoir le sort des anciens pérégrins. Mais, depuis longtemps, les
véritables étrangers, non plus soumis et respectueux de la
majesté romaine, mais ennemis, étaient les barbares : « *Roma
in qua totius mundi civitate soli barbari et servi peregrinantur.* »
On sait comment ces peuplades guerrières mirent en pièces
l'ancien monde romain. Après avoir été porté par tous les peuples de l'Espagne, de la Gaule, de l'Italie, de l'Afrique et de
l'Orient, le titre de citoyen romain ne décorera plus que quelques
milliers d'habitants de Constantinople, jusqu'au jour où ces derniers succomberont à leur tour devant l'invasion musulmane.

DROIT FRANÇAIS

DE LA PREUVE TESTIMONIALE

EN MATIÈRE CIVILE

CHAPITRE I

CARACTÈRE DE LA PREUVE TESTIMONIALE

Une preuve, dans le sens le plus large du mot, est tout ce qui persuade l'esprit d'une vérité ; mais, dans une acception plus restreinte et en se plaçant au point de vue des classifications établies par le législateur, on peut dire avec Domat : « On appelle preuves en justice les manières réglées par les lois pour découvrir et pour établir avec certitude la vérité d'un fait contesté. » C'est en ce dernier sens que nous définissons la preuve testimoniale : celle qui résulte des déclarations orales faites devant la justice par des personnes déposant sur des faits déterminés, suivant les formes prescrites par la loi.

La foi due à la preuve testimoniale repose sur une double

présomption : c'est que le témoignage humain, quelque impar-
fait qu'il soit pour découvrir d'une façon certaine la vérité, est
cependant le plus souvent susceptible de l'atteindre, et n'est que
par accident sujet à l'erreur. Il faut admettre, en second lieu,
que les témoins rapporteront exactement les faits auxquels ils
auront assisté, et qu'ils ne seront point tentés de substituer le
mensonge à la vérité. Or cette dernière condition est des plus
difficiles à réaliser au milieu du choc des intérêts contraires
que la société fait surgir entre les hommes. Aussi cette seconde
présomption est-elle beaucoup plus fragile que la première, qui
n'a jamais été sérieusement ébranlée. Suspecter en effet l'essence même du témoignage humain et le caractère de certitude
qu'il peut produire, ce serait ruiner d'avance la plupart des
moyens qui servent à la démonstration juridique des faits litigieux. La preuve littérale elle-même, lorsqu'elle résulte des actes publics, n'est autre chose qu'un ensemble de témoignages
consignés par écrit, au moment même ou s'accomplissent les
faits dont on veut conserver le souvenir et constater d'une façon
précise l'existence. La preuve vocale et la preuve littérale sont
donc sorties d'un principe commun. Sans doute on ne saurait
nier la supériorité de cette dernière ; mais l'admission de la preuve
testimoniale est trop impérieusement commandée, dans un grand
nombre de circonstances, pour que le législateur ait jamais
pu songer sérieusement à la proscrire ; toutefois depuis longtemps il l'a entourée d'entraves et de prohibitions. C'est par l'examen des diverses vicissitudes que ce mode de preuve a traversées
dans les législations anciennes que nous nous acheminerons vers
l'étude des textes que notre code civil lui consacre, en débu-
tant par une introduction historique que nous pourrions intitu-
ler : Grandeur et décadence de la preuve testimoniale.

CHAPITRE II

APERÇU HISTORIQUE

A Rome, comme chez tous les peuples de l'Antiquité où l'é-
criture peu connue n'était employée que par un petit nombre de
citoyens privilégiés, la preuve testimoniale fut d'abord à peu
près exclusivement admise pour établir l'existence des divers
faits juridiques qui se produisent dans la vie civile. Elle domina
presque sans partage pendant tout le temps de la République, et ne
cessa pas d'être fréquemment usitée (1), même au plus beau
temps de la jurisprudence romaine. Dans un très-grand nombre de
procès, les parties invoquaient l'appui de témoignages oraux pour
justifier leurs prétentions, et l'*interrogatio* des témoins formait
une partie importante du débat qui avait lieu devant le juge. Les
témoins étaient généralement entendus après les plaidoieries,
contrairement à l'usage adopté par la pratique moderne, et leurs
dépositions suscitaient entre les avocats une série d'interpella-
tions et de dialogues, qui portaient le nom « *d'altercationes* » (2).

Les jurisconsultes romains n'eurent jamais la pensée de restreindre l'admission de la preuve orale dans les limites étroites
où le droit moderne la renferme aujourd'hui ; on ne peut nier
cependant que lorsque les citoyens furent devenus plus lettrés

(1) Dig., *De testibus*, I. 1, *in principio*.
(2) Quintilien, Inst. Or. II, 4. (Grellet-Desmazeau. *Recherches sur la
plaidoirie chez les Romains*. Revue Wolowski, t. 31.)

— 58 —

et qu'ils eurent pris l'habitude de consigner dans des actes écrits
(*instrumenta*) les conventions qui intervenaient entre eux, la
preuve littérale vint réclamer sa part d'autorité et disputer à la
preuve orale une suprématie que l'ignorance populaire lui avait
d'abord refusée. Quel fut le sort de la preuve testimoniale dans
ce conflit qui s'engagea entre elle et sa nouvelle rivale? Conserva-
t-elle une prééminence fondée sur les antiques mœurs de la
cité? C'est là une question délicate et qui a profondément divisé
les romanistes. Il n'entre pas dans le cadre de notre sujet d'examiner en détail les diverses opinions qui se sont produites sur
ce point de droit. Nous devons cependant énoncer le système qui
concilie le mieux, à notre sens, des textes au premier abord
contradictoires.

On distinguait à Rome trois sortes d'écrits ou instruments
probatoires: 1° ceux que les parties déposaient dans les archives
publiques (*quæ in publico instrumenta deponuntur, in archio aut
grammatophylacio*) (1). L'attestation de ce dépôt faite par l'officier public chargé de le surveiller donnait à l'acte une authenticité incontestable (2). L'acte une fois insinué avait dès lors,
c'est le jurisconsulte Marcellus qui nous l'apprend, une autorité
que des témoignages contraires ne pouvaient plus ébranler :
*Census et monumenta publica potiora esse testibus senatus
censuit* (3).

En seconde ligne venaient les actes reçus par un tabellion en
présence de deux témoins et que l'on appelait « *forensia instrumenta* » *documenta publice confecta*, (Nov., 49, cap. 2. Nov.,

(1) L. 9, § 6. Dig. 48, 19.
(2) L. 3. Code. *De Donationibus.*
(3) L. 10. Dig. *De Probationibus.*

73, cap. 5). Enfin les écrits rédigés sous la seule signature des parties.

Dans quelle mesure la foi due à ces actes pouvait-elle être infirmée par la preuve testimoniale?

Nous croyons qu'il faut résoudre cette question au moyen de distinctions. S'agit-il de procéder à la vérification d'un écrit, les témoignages oraux doivent avoir plus d'autorité que la comparaison d'écriture. « *Nos quidem*, dit Justinien dans la *Novelle* 73, cap. 3, *ea quæ viva voce et cum jure jurando dicuntur fide digniora esse existimavimus quam ipsam per se scripturam.* »

Invoque-t-on au contraire la preuve testimoniale pour contredire les énonciations d'un écrit dont la sincérité n'est d'ailleurs pas suspectée, cette preuve sera inadmissible. (*Pauli Sentent., lib. v, tit. xv. § 4.*)

En principe, la preuve littérale est considérée comme ayant une valeur supérieure à la preuve orale (1), bien que cette dernière soit admise, quelle que soit l'importance du litige.

Nous devons terminer cet exposé par une remarque; c'est que dans les cas particuliers auxquels elle s'appliquait l'exception *non numeratæ pecuniæ* faisait échec à la foi due à la preuve littérale, d'après les règles générales du droit.

Les destinées de la preuve testimoniale ont traversé dans notre ancienne législation française des révolutions plus grandes encore que dans le droit romain. Pendant tout le Moyen-Age, sous l'influence des coutumes germaniques, qui accordaient une grande faveur aux témoignages, et grâce à l'ignorance à peu près générale de ces temps où l'écriture était peu répandue, la preuve orale tint le premier rang parmi les preuves judiciaires.

(1) L. 14. Code. *De contrahenda et committ. stipul. Nov.* 98.

D'ailleurs, les déclarations des témoins faisant pour ainsi dire revivre par la voix et le geste les faits auxquels ils avaient assisté, impressionnaient plus les esprits que le témoignage muet de l'écriture (*instrumentorum testatio muta*) (1). Cette faveur accordée à la preuve testimoniale est consacrée par tous les monuments législatifs de cette époque, les Capitulaires et le Corps de Droit Canonique (2). Pendant longtemps, il est vrai, on admit concurremment avec la preuve par témoins, ces épreuves judiciaires que la superstition plaçait sous le patronage de Dieu, épreuves par l'eau bouillante, par le feu, par le combat en champ clos, etc. Mais à la fin du XIIe siècle, époque brillante où un souffle de liberté et de rénovation se répandit sur la France, signe précurseur de ce beau mouvement des esprits qui devait illustrer le XVe siècle sous le nom de Renaissance, ces pratiques barbares tombèrent en désuétude. L'abolition des duels judiciaires et la création des bailliages donnèrent à la preuve testimoniale une nouvelle extension. Elle avait plus d'autorité que la preuve littérale. Les écrits, disait-on, ne sont que « mémoires de témoins » et Bouteillier, un jurisconsulte qui vivait au commencement du XVe siècle, formulait d'une façon non équivoque cette préférence dans son ouvrage « la Somme Rurale » art. 106. « Sachez que la vive voix passe vigueur de lettres, si les témoings sont contraires aux lettres. Et se doit le juge plus arrêter à la déposition de témoings, qui de saine mémoire déposent qu'à la teneur des lettres qui en rendent cause. » C'est dans le même

<hr />

(1) Boiceau. *Préface au Commentaire sur l'art.* 54 *de l'ordonnance de Moulins.*

(2) Montesquieu. *Esprit des Lois.* Liv. xxviii, t. xvi et suiv.

esprit et d'une façon plus concise que le jurisconsulte Loysel formula plus tard la fameuse règle « Témoins passent lettres ».

Cependant le crédit de la preuve testimoniale commença bientôt à décliner rapidement dans l'opinion des légistes et des plaideurs. Sa libre admission sans frein et sans limites donna lieu aux abus les plus sensibles. On établissait par témoins non-seulement les faits particuliers à chaque procès, mais encore l'existence et les dispositions des coutumes, c'est-à-dire des règles mêmes qui devaient servir à la solution des litiges. Il arrivait alors que dans des procès différents les témoins corrompus par les parties attestaient sur un même point et dans un même lieu deux coutumes différentes. On comprend dans quel chaos devait se trouver l'administration de la justice, obligée de décider au milieu d'éléments si contradictoires et si peu dignes de confiance. « *Obscurior et incerta erat consuetudinum notitia*, disait Dumoulin, *quarum nisi per confusa testimonia habebatur probatio* (1). » Dans les enquêtes ordinaires mêmes scandales que dans les enquêtes coutumières, et c'était un dicton populaire au XVᵉ et au XVIᵉ siècle que celui-ci : Bien fol est qui se met en enqueste ; car le plus souvent qui mieux abreuve, mieux preuve.

Ces abus devaient appeler un remède énergique. Déjà quelques états italiens avaient pris l'initiative d'une réforme. Les statuts de la ville de Bologne approuvés par le célèbre cardinal Bessarion, sous le pontificat du pape Nicolas V en 149.. contenaient divers articles destinés à mettre un frein à la libre admission des témoignages. C'est dans le même esprit qu'étaient édictés les statuts d'un pays qui à cette époque avait des liens étroits

---

(1) Dumoulin. *Traité des Contrats, Usures et Rentes* in fine.

avec la France, ceux du duché de Milan révisés en 1552, par le cardinal d'Amboise, sous le règne de Louis XII.

La même réforme fut enfin introduite en France, lors de la réunion des États de Moulins en 1566. Sur les remontrances du Parlement de Toulouse (1), le chancelier de l'Hospital fit insérer dans la célèbre ordonnance qui porte le nom d'ordonnance de Moulins une disposition (art. 54) qui restreignait d ns d'étroites limites l'admission de la preuve orale. Voici le texte de cet article : « Pour obvier à la multiplication des faits que l'on a vu ci-devant être mis en avant en jugement, sujets à preuve de témoins et reproches d'iceux, dont adviennent plusieurs inconvénients et involutions de procès, avons ordonné et ordonnons que dorénavant de toutes choses excédant la somme de cent livres pour une fois payer, seront passés contrats par devant notaires et témoins, par lesquels contrats seulement sera faite et reçue toute preuve ès-dites matières, sans recevoir aucune preuve par témoins outre le contenu au contrat, ni sur ce qui serait allégué avoir été dit ou convenu avant icelui, lors et depuis. En quoi n'entendons exclure la preuve des conventions particulières qui seraient faites par les parties, sous leurs seings, sceaux et écritures privées. »

Cette disposition parut d'abord dure, odieuse et contraire au droit, s'il faut en croire le principal commentateur de l'art. 54 de l'ordonnance de Moulins, Jean Boiceau, avocat au présidial de Poitiers. Mais cette première impression fut sans doute de courte durée ; car le même auteur constate que l'abaissement de la preuve orale fut accueillie bientôt avec une faveur marquée, notamment par le Parlement de Paris.

(1) Boiceau. Préface.

Il importe cependant de remarquer que l'ordonnance maintint sur un point à la preuve testimoniale la prééminence qu'elle avait obtenue sous la législation antérieure. Les actes sous seing-privé ne faisaient foi en justice que lorsque leur sincérité n'était pas contestée, ou qu'ils avaient subi l'épreuve d'une vérification préalable ; or, conformément aux usages suivis à Rome, ces écrits étaient rédigés le plus souvent en présence de témoins. Si leur sincérité était déniée par une partie, on tenait en plus haute estime l'attestation que venaient donner les témoins qui avaient assisté à la rédaction de l'acte que le procédé de la comparaison d'écritures ou de la vérification par experts (1). La doctrine consacrée par la Novelle 73 avait conservé sur ce point toute son autorité.

La faveur qui avait accueilli en France les nouvelles règles édictées par l'ordonnance de Moulins sur la matière des preuves s'étendit aux pays voisins. En 1611 un édit des archiducs Albert et Isabelle appliqua à la législation des Flandres les dispositions essentielles de l'ordonnance de Charles IX. La preuve testimoniale fut proscrite au-dessus de 300 florins.

Enfin en 1667 un titre spécial (t. XX) de l'ordonnance rendue par Louis XIV à St-Germain-en-Laye, vint confirmer et compléter les dispositions de l'édit de Moulins. Voici les principaux points sur lesquels l'ordonnance de 1667 rectifia sa devancière et trancha quelques difficultés qu'elle avait fait naître :
1° Elle se servit des mots, *seront passés actes de toutes choses,* termes juridiques beaucoup plus exacts que les expressions, *seront passés contrats,* employées par l'ordonnance de 1566.
2° Elle déclara expressément « qu'elle n'entendait rien changer

<hr />

(1) V. Toullier, t. 8. nos 216, 221 et suiv., et les auteurs cités par lui.

aux usages reçus en matière de preuve devant les juges et consuls des marchands. » L'ordonnance de Moulins était muette sur ce point ; il est d'ailleurs constant qu'elle n'a jamais été rigoureusement observée par les commerçants du XVIe et du XVIIe siècles.

3° Cette dernière ordonnance n'avait rien décidé sur la preuve du contrat de dépôt, et, à la faveur de ce silence, quelques auteurs avaient voulu le soustraire aux règles restrictives de la preuve orale, en invoquant l'opinion, mal interprétée du reste, de Cujas, qui formulait un vœu et non une décision dans l'intérêt de ce contrat : *Velim excipi sacri arcanique depositi causam.* L'ordonnance de 1667 (tit. XX, art. 2) soumit expressément le dépôt volontaire au droit commun de la preuve ; mais autorisa la preuve par témoins du dépôt nécessaire fait en cas d'incendie, de naufrage, etc. 4° Enfin, tandis que les rédacteurs de l'ordonnance de Moulins avaient laissé en dehors de leurs dispositions le cas où la preuve orale peut s'appuyer sur un commencement de preuve par écrit, les auteurs de l'ordonnance de St-Germain-en-Laye visèrent expressément cette situation, et levèrent pour ce cas la défense d'employer la preuve orale.

Telles furent les modifications que l'ordonnance de 1667 apporta au régime de la preuve testimoniale. Mais nous ne saurions admettre l'opinion soutenue par un certain nombre de jurisconsultes (V. notamment Latreille, *Revue pratique du droit français,* t. 33), qui pensent que les auteurs des deux ordonnances furent inspirés par des idées différentes. Suivant les partisans de cette théorie, les légistes qui rédigèrent l'art. 54 de l'ordonnance de Moulins eurent surtout pour but de prévenir la multiplicité de procès et les complications des procédures ; la crainte des faux témoignages n'aurait eu qu'une part très-accessoire dans leurs préoccupations. En 1667 ce motif secondaire serait devenu le principal, et on se serait montré plus sensible au danger de la subornation des témoins qu'à celui des complications des procédures.

Nous ne croyons pas que ce point de vue soit exact ; à notre sens si le désir d'établir des garanties contre la corruption des témoignages n'a pas été le motif avoué des règles restrictives de la preuve orale en 1566, il a eu au moins autant d'influence sur l'esprit du législateur de cette époque que le vœu ouvertement formulé d'empêcher « les involutions de procès. » Sans doute l'ordonnance de Moulins n'exprima pas ostensiblement un sentiment de méfiance contre la sincérité des témoignages oraux. Où faut-il chercher la raison de cette réserve ? A notre avis, dans une pensée respectable mais inspirée par des motifs extra juridiques. La preuve testimoniale avait longtemps joui d'un crédit pour ainsi dire illimité. Le témoignage humain est la base des traditions dans l'ordre historique et religieux ; la foi qui lui est due avait été confirmée dans de nombreux monuments du droit canonique. « Nous voyons, dit Boiceau (1), que suivant le droit observé chez toutes les nations, la déposition de deux ou trois témoins fait foi en justice, ce qui a été toujours été autorisé non-seulement par le droit civil et le droit canon, mais encore par la loi divine, qui admet la preuve par témoins en toutes sortes d'occasions. » En présence de cette autorité accordée à la preuve

(1) Préface, n° 2. — La preuve testimoniale était accueillie avec la plus grande faveur par le droit canonique. Une décrétale du pape Innocent III constate que les témoignages oraux étaient admis non-seulement à combattre la teneur des actes, mais encore à établir les clauses qui y avaient été omises, *vel quod deest instrumento.* (*Corpus juris canonici ; titr. De fide instrumentorum.*)

orale par les documents les plus vénérables, il nous paraît probable que les rédacteurs de l'ordonnance de Moulins se firent scrupule d'invoquer pour motif ostensible de leurs prohibitions la mauvaise foi humaine, et qu'ils ne voulurent pas formuler une pareille accusation dans le texte officiel sorti de leurs mains. Mais au fond les scandales que la corruption des témoins avait causés dans les enquêtes attirèrent d'abord leurs regards. Les légistes contemporains de la publication de l'ordonnance sont unanimes à lui donner pour principal motif l'extension inouïe des faux témoignages. Écoutons le commentateur le plus autorisé de ce texte législatif : « Il ne faut pas trouver répréhensible si on restreint les moyens de faire la preuve des faits, à cause de la multitude des faux témoins et de la calomnie devenue si familière aux plaideurs. Ce sera donc par cette raison, qui a servi de motif au Prince, pour faire cette loi, que l'on pourra décider presque toutes les questions et les difficultés qui se présentent sur l'interprétation qu'on lui donne. » Danty dans ses additions au Commentaire de Boiceau ajoute : « M. Louis Vrévin qui a fait des observations sur l'art. 54 de l'ordonnance de Moulins... demeure d'accord (*aussi bien que tous ceux qui ont écrit sur cet article*), que le motif de cette ordonnance est d'éviter la facilité des témoins ».

Nous croyons avoir suffisamment démontré par ces explications combien est erronée l'opinion des juristes qui prétendent que la crainte de la subornation des témoins n'a été qu'un des motifs secondaires de la restriction de la preuve orale en 1566 ; qu'on a voulu surtout éviter la multiplicité des procès, et qui partent de cette donnée pour diviser en deux catégories les règles prohibitives de la preuve testimoniale, les unes inspirées par une pensée d'ordre public, les autres édictées dans l'intérêt seul des

parties. On nous dit qu'en 1667, les auteurs de l'ordonnance
de St-Germain ont combattu à l'aide de règles spéciales le danger de la complication des procédures ; ils n'ont persisté à limi-
ter l'admission de la preuve vocale qu'à cause de l'incertitude
que les témoignages présentent, laissant aux parties intéressées
le droit d'abaisser la barrière établie en leur faveur ; ce qui démontre, ajoute-t-on, que le législateur de 1667 fut moins préoc-
cupé de mettre un terme aux involutions de procédure, c'est
qu'il autorisa pour la première fois depuis l'édit de 1566 l'admissibilité de la preuve testimoniale, quand elle est appuyée sur
un commencement de preuve par écrit. Le législateur de Moulins
plus sévère n'avait point levé dans ce cas l'interdit qui pesait
sur les témoignages.

Toute cette théorie, à notre sens, manque de base. Elle est
contredite par les déclarations des anciens jurisconsultes ; nous
persistons donc à croire que les auteurs des deux ordonnances
se placèrent dans le même ordre d'idées.

Tel était l'état des textes et des traditions juridiques, lorsque
la matière des preuves fut soumise aux délibérations des rédacteurs du Code Civil. Ils ne songèrent pas à relever la preuve
testimoniale de la déchéance qui l'avait frappée. Le texte des
dispositions qu'ils lui ont consacrées, comparé avec les déclarations
faites dans les travaux préparatoires, montre qu'ils ont voulu
se borner à reproduire à peu près littéralement l'ordonnance de
1667.

« Il eût été imprudent, dit M. Bigot-Préameneu dans l'*exposé
des motifs*, de ne pas maintenir aujourd'hui des mesures que la
mauvaise foi des hommes a depuis si longtemps fait considérer
comme indispensables. On n'a pas même cru devoir, en fixant
à 150 fr., au lieu de 100 livres, la somme que l'on ne pourrait

excéder sans une preuve écrite, avoir égard à toute la différence qui existe entre la valeur de l'argent à l'époque de ces lois
et sa valeur actuelle. »

Il est peut-être à regretter que, dans la situation économique
de la société moderne, les auteurs du Code aient cru devoir limi-
ter à une aussi minime valeur la libre admission de la preuve
testimoniale ; car, à côté du danger de la subornation des
témoins et de la multiplicité des procès, on peut craindre de
couvrir la mauvaise foi d'une trop grande faveur, en restreignant
d'une façon exagérée les moyens de fournir la preuve des obligations. Cependant quelle que soit la somme plus ou moins importante où doive commencer la prohibition de la preuve par
témoins, on ne peut nier que l'expérience n'ait pleinement con-
firmé la justesse du principe restrictif posé par l'ancienne législation et maintenu par notre droit actuel.

CHAPITRE III

DES RÈGLES TRACÉES PAR LA LOI SUR L'ADMISSIBILITÉ
DE LA PREUVE PAR TÉMOINS

La théorie de la loi sur la preuve par témoins se formule en
droit civil dans ces deux règles édictées par l'article 1341 :

1° Une preuve écrite est nécessaire, et la preuve testimoniale
est exclue en toutes choses excédant la valeur de 150 fr.

2° Il est défendu de prouver par témoins outre et contre le
contenu aux actes, quelle que soit la valeur de l'objet litigieux.

C'est à l'explication et au développement de ces deux règles et des exceptions qu'elles ont reçues que nous devons consacrer cette étude.

§ 1. — PREMIÈRE RÈGLE

Aux termes de l'article 1,341, 1re partie, « il doit être passé acte devant notaires ou sous signature privée de toutes choses excédant la valeur de 150 fr., même pour dépôt volontaire. »

Cette disposition a une portée générale; elle embrasse non-seulement les contrats et conventions, mais d'une façon absolue tous les faits juridiques qui, suivant la formule donnée par MM. Larombière et Zachariæ, ont pour objet direct et nécessaire de former, éteindre, résoudre, reconnaître, confirmer, ratifier, innover, modifier, restreindre, étendre ou transférer des obligations ou des droits (1). Certains auteurs, notamment Toullier, ont soutenu, il est vrai, que l'article 1,341 ne s'appliquait qu'aux conventions; mais cette opinion est depuis longtemps, et avec raison, repoussée par la doctrine. Déjà, sous le régime de l'ordonnance de 1667, qui avait à dessein employé les mots, « de toutes choses seront passés actes, » pour faire cesser la controverse que les expressions, « seront passés contrats », avaient fait naître parmi les commentateurs de l'édit de Moulins, Pothier (oblig. n° 780) nous enseigne « qu'on ne doit pas douter que cette disposition ne renferme non-seulement les conventions, mais

---

(1) Cette définition exclut les faits purs et simples qui, de l'avis général, peuvent être prouvés par témoins; ce sont des événements naturels qui ne produisent qu'accidentellement des résultats juridiques. Tels sont, d'après MM. Aubry et Rau, la culture, l'ensemencement des fonds, etc.

généralement toutes les choses dont celui qui demande à faire la preuve a pu se procurer une preuve écrite. »

Le Code a reproduit textuellement les termes mêmes de l'ordonnance de 1667. Une phrase du projet primitif qui portait : « Il sera passé acte de toutes conventions sur choses, etc. » a été supprimée pour faire disparaître toute équivoque. La démonstration de la généralité de la règle établie par l'article 1,341, résulte encore de l'article 1,348, qui a jugé nécessaire d'excepter formellement de cette règle les faits dont il donne l'énumération.

Parmi les faits juridiques qui rentrent sous l'application de l'article 1,341, le Code a mentionné expressément le contrat de dépôt pour trancher les difficultés que les légistes contemporains de l'ordonnance de 1566 avaient jadis soulevées ; le prêt à usage doit être assimilé, à ce point de vue, au dépôt. Au contraire, nous soumettrions la preuve de l'autorisation maritale à une règle plus rigoureuse encore que celle du droit commun. Nous nous fondons sur l'article 217 du Code civil, qui exige que cette autorisation soit donnée par écrit, disposition qui n'a certainement pas pour objet d'astreindre la validité de ce fait juridique à sa constatation par une preuve littérale, mais qui empêche l'admission des témoignages oraux. Ce n'est là du reste qu'une exigence spéciale, une sorte de *jus singulare*, qui ne s'applique qu'au fait que nous venons de citer et à certains contrats particulièrement déterminés que nous rencontrerons plus tard. En principe, l'admission de la preuve testimoniale est subordonnée à la valeur de l'objet de la demande. Librement accueillie, quand cet objet n'excède pas 150 fr., elle est fermée aux parties quand le chiffre de leurs réclamations dépasse cette dernière somme. On comprend dès lors combien il importe de déterminer d'une façon précise la valeur de cet objet litigieux, et quelles précautions la loi a dû prendre pour empêcher les plaideurs d'éluder ses prohibitions. Tous les textes qui suivent l'article 1,341 jusqu'à l'article 1,347, ont été édictés en vue de sanctionner les règles restrictives de la preuve testimoniale.

Par quels procédés pourra-t-on fixer exactement la valeur de la chose demandée? Nul doute que le défendeur ne puisse contester l'évaluation faite par son adversaire ; le juge d'office a le droit de se livrer, soit avec ses propres lumières, soit, à l'aide d'une expertise, à l'estimation de l'objet litigieux. S'il lui apparaissait que cet objet, malgré l'évaluation restreinte faite par le demandeur, dépasse en réalité 150 fr., il devrait refuser d'ordonner l'enquête réclamée. Pour apprécier la valeur de la demande, il ne suffit pas d'examiner son objet direct, mais encore et surtout les conséquences juridiques qui pourraient résulter de l'admission de cette action. Ainsi, si une partie demande à prouver un paiement d'arrérages comme constituant l'interruption d'une prescription qui s'était accomplie à son préjudice et s'appliquait à un capital supérieur à 150 fr., bien que le paiement allégué ne soit que de 30 à 40 francs, la preuve testimoniale ne sera pas admise ; car elle aurait pour effet d'établir l'existence d'une obligation dépassant la limite légale fixée par l'article 1341.

Ce point ne semble plus contesté aujourd'hui (1). Il est également certain que le paiement invoqué comme fait purement libératoire peut être prouvé par témoins, toujours dans les limites légales et lorsque l'obligation a été consentie oralement.

Que décider en matière de dommages-intérêts? Si le droit de les réclamer est né d'un fait complétement indépendant d'un

(1) V. Civ. Cass. ; 17 Nov. 1858. D. P. 58, 1, 159.

contrat, si, par exemple, ils sont demandés en raison du retard
mis par une partie à exécuter les engagements résultant pour
elle d'une convention non constatée par écrit, mais dont l'objet
ne dépasse pas 150 fr., leur *quantum* pourra être déterminé à
l'aide de la preuve testimoniale, bien qu'il puisse excéder cette
dernière somme. Il était en effet impossible au demandeur de se
procurer une preuve littérale du préjudice qu'il a souffert par
suite de ce retard, et dont les dommages-intérêts réclamés sont
la représentation pécuniaire (1).

S'agit-il au contraire de dommages-intérêts éventuels stipulés
dans la convention, formant ce que l'on appelle ordinairement
une clause pénale? la solution devrait en principe être différente.
Le montant de l'obligation principale devrait être additionné
avec celui de l'indemnité arrêtée pour cause de retard ; la preuve
orale ne serait pas admise si ces deux chiffres réunis excédaient
150 fr. Devra-t-on cumuler également les deux sommes, si les
dommages-intérêts ont été fixés pour le cas d'inexécution de la
convention principale? L'affirmative est soutenue par MM. Aubry et Rau (t. vi, p. 438, 3e édit.), qui pensent que l'objet de la
convention doit comprendre même la somme stipulée à titre de
peine ; nous croyons l'opinion contraire plus exacte, la valeur de
la clause pénale ne formant point l'accessoire des prestations
principales.

Conformément aux mêmes principes, en matière de société,
chaque membre de la société pourra établir par témoins l'existence du contrat qu'il a conclu avec ses coassociés, pourvu que

(1) C'est dans le but de rendre la preuve orale admissible en ce cas, que
les mots « dommages-intérêts », qui figuraient dans la rédaction primitive de l'art. 1312, n'ont pas été reproduits dans le texte définitif.

l'ensemble des mises sociales n'excède pas 150 fr., peu importe que les bénéfices réalisés aient plus tard dépassé ce chiffre.

Dans tous les cas que nous venons d'examiner, le demandeur, qui aura vu sa demande d'enquête repoussée, pourra toujours déférer le serment à son adversaire ou provoquer son aveu ; car il est de principe que, sauf dans les contrats solennels, l'écriture n'est exigée que pour fournir la preuve des faits juridiques qui peuvent être constatés par ce moyen, et non comme condition essentielle de leur validité.

Nous devons maintenant étudier plus particulièrement les règles sanctionnatrices à l'aide desquelles la loi a protégé le principe posé dans l'article 1341. Elles sont fondées sur ce principe général : Le demandeur doit se procurer une preuve écrite toutes les fois que sa créance s'élève au-dessus de 150 fr., soit qu'elle dépasse ce chiffre au moment du fait originaire qui lui a donné naissance, soit qu'elle le franchisse par suite d'un événement postérieur. S'il a négligé de se munir ainsi du titre qu'il pouvait faire dresser, il ne sera pas admis à invoquer l'appui de la preuve testimoniale.

L'article 1342 nous fournit une première application de ce principe : Un individu est porteur d'une créance inférieure à 150 fr., mais productive d'intérêts et résultant d'une convention purement verbale. Au moment où le chiffre des intérêts cumulé avec celui de la créance principale dépasse la limite pécuniaire tracée par l'article 1,341, la preuve orale lui est fermée. Pour échapper à cette prohibition, il tentera peut-être de dissimuler le vrai caractère de sa créance et ne réclamera pas les intérêts ; mais si l'enquête admise, par suite de cette réticence, vient à établir, en même temps que la convention principale qui a rendu le demandeur créancier, la stipulation d'intérêts, ce sacrifice tardif sera d'aucun profit pour le créancier, et les révélations de l'enquête ne serviront qu'à faire repousser sa demande.

Il est du reste reconnu que l'article 1342 est inapplicable lorsqu'il s'agit d'intérêts moratoires.

Les dispositions qui suivent l'article 1342 sont encore un développement de la règle qui repousse la preuve testimoniale bien que la demande ne s'élève pas au-dessus de 150 fr., si l'objet de la convention excédait cette valeur, ou réciproquement si le créancier réclame plus de 150 fr., bien que le montant de sa créance primitive fût inférieur à cette somme. Ainsi, aux termes de l'article 1343, « celui qui a formé une demande excédant 150 fr. ne peut plus être admis à la preuve testimoniale, même en restreignant sa demande primitive. » Cette proposition n'avait pas été admise sans difficulté sous l'ancien droit. Boiceau (1) soutenait que le plaideur qui avait formé une demande excédant 100 livres pouvait, sur l'ordre même du juge, la réduire à cette dernière somme, pourvu que cette restriction intervînt avant la phase de procédure que l'on nommait la contestation en cause. Mais la pratique semblait avoir repoussé l'opinion de cet auteur, et un arrêt de 1583, rapporté par Vrévin dans ses *Observations sur l'ordonnance de 1566*, avait dénié au demandeur le droit de revenir sur l'évaluation qu'il avait primitivement faite du chiffre de sa créance. Cette dernière décision était plus logique et plus conforme aux principes que l'opinion de Boiceau ; car, ainsi que le remarque Pothier (Oblig., n° 789), « Le demandeur ayant reconnu lui-même que l'objet de la convention excédait 100 livres, et que la convention était par conséquent comprise dans la disposition de l'ordonnance, ne serait

(1) Op. cit., chap. xviii, note 1.

pas ensuite recevable à offrir la preuve testimoniale. » Tout le monde convient d'ailleurs que, si le demandeur démontre que c'est simplement par erreur, à la suite, je suppose, d'une inexactitude commise par l'huissier, rédacteur de son assignation, que sa demande a été portée à un chiffre supérieur à 150, l'article 1343 ne lui sera pas opposable ; cette réflexion fait tomber les critiques que Toullier (1) a cru devoir diriger contre la prétendue rigueur de ce texte.

Nous venons de voir que l'article 1343 prévoit le cas où une partie ayant déjà saisi la justice d'une demande supérieure à 150 fr., essaie après coup, par exemple au moyen de conclusions versées au procès, de restreindre le chiffre de la somme réclamée dans l'exploit introductif d'instance. L'article 1344, conçu dans le même esprit, statue sur une hypothèse différente. Voici les termes de cet article : « La preuve testimoniale, sur la demande d'une somme même moindre de 150 fr., ne peut être admise, lorsque cette somme est déclarée être le restant ou faire partie d'une créance plus forte qui n'est point prouvée par écrit. »

Ce texte, on le voit, vise deux cas : 1° Celui où la somme réclamée, bien que limitée à 150 fr., ne forme qu'une partie de créance plus forte ; 2° celui où cette même somme, bien que se trouvant représenter exactement le chiffre que le demandeur est en droit de réclamer, n'est que le solde ou le restant d'une créance primitive plus considérable. — Cette disposition a été tirée des décisions de l'ancienne jurisprudence et non du texte même des ordonnances. Boiceau (2), qui reflète dans ses écrits les impres-

(1) T. ix, n° 43.
(2) Chap. xviii, n° 9 et 10.

sions des légistes de son temps, toujours disposés à voir dans l'article 54 de l'édit de Moulins une disposition justifiée par des raisons pratiques, mais peu conforme aux vrais principes du droit, se décide encore, dans le cas que nous venons de citer, pour l'admission de la preuve orale. Mais son opinion fut blâmée par son propre annotateur, Danty (1), et Pothier (Oblig., n° 790) la repoussa en donnant cette raison en effet décisive : « Que dans cette espèce-ci, pour savoir si la preuve de la convention doit être permise au demandeur, il faut savoir si c'est une convention dont l'ordonnance l'obligeait à faire dresser un acte par écrit ; or, cela ne se décide que par ce qui faisait l'objet de la convention qui excédait 100 livres, et non par ce qui en reste dû. »

La disposition de l'article 1344 est donc parfaitement juridique, et toute tentative pour l'éluder doit être soigneusement déjouée. Par exemple, si une partie forme une demande ne s'élevant qu'à 100 ou 120 fr., et que les témoins entendus viennent déposer que cette somme n'est que le reliquat d'une créance plus forte, montant d'un prêt de 3 ou 400 fr., la demande devra être rejetée.

Il est cependant une hypothèse dans laquelle la doctrine se montre généralement moins rigoureuse. On suppose qu'une personne a fait à une autre un prêt de 200 fr. Le débiteur vient remettre à son créancier un à-compte de 100 fr., et déclare, en présence de témoins, qu'il payera le solde à une époque déterminée. Le prêteur pourra-t-il invoquer l'appui des témoignages pour prouver cette dernière promesse de son débiteur et réclamer les 100 fr., qui lui restent dus ? Presque tous les auteurs (2) se

(1) Additions au chap. xviii, n° 5.
(2) V. notamment *Toullier*, t. 9, n° 46. — Marcadé, art. 1313, n° 3. — *Aubry et Rau*, page 431, note 10, t. vi.

sont prononcés pour l'affirmative, se rangeant à l'opinion déjà
exprimée par Pothier (Oblig., n° 701). On a dit en substance, à
l'appui de cette doctrine, que la créance primitive et la convention qui l'a produite doivent rester en dehors du débat ; ce que
le réclamant demande à établir, c'est l'existence d'une convention nouvelle, qui n'est point liée à la première, et qui, n'ayant
pour objet qu'une somme inférieure à 150 fr., doit pouvoir être
prouvée par témoins. Malgré la faveur qui a accueilli cette thèse,
nous sommes peu disposés à l'admettre. Il est certain que le demandeur a contrevenu à la loi le jour où il a prêté deux cents
francs, sans faire constater ce contrat par écrit. Lorsqu'un pareil fait se produit, la loi prend les précautions les plus minutieuses pour écarter la preuve testimoniale. Toutes ses dispositions
sont inspirées par une pensée de défiance très-rigoureuse contre
l'admissibilité de cette preuve. C'est dans cet esprit que l'art.
1344 décide formellement qu'on n'est pas admis à la preuve
orale quand la somme que l'on réclame n'est que le restant
d'une créance principale qu'on aurait dû faire constater par écrit.
Or, c'est là précisément la situation qui nous est proposée. Le
demandeur réclame une somme de 100 fr., solde d'une créance
de 200 fr. dont il a négligé de se procurer une preuve littérale.
On prétend bien qu'il y a dans notre espèce deux engagements
distincts de la part du débiteur, et que le second, ne portant que
sur une somme inférieure à 150 fr., peut être prouvé par témoins ; c'est là, ce nous semble, une subtilité. En réalité, le
seul contrat qui soit intervenu entre les parties est celui par lequel l'une d'elles s'est engagée à payer à l'autre deux cents
francs. Lorsqu'après sa libération partielle elle s'est reconnue
débitrice d'un solde de 100 fr., a-t-elle substitué une nouvelle
obligation à la première ? Le créancier, le débiteur, la cause de

l'obligation sont restés les mêmes. Seul l'objet de la dette a subi une réduction, mais sans changer de caractère. Dans ces circonstances, il nous est impossible d'admettre que le prétendu second engagement du débiteur ait opéré une novation, et nous persistons à croire que la véritable base de la demande se trouve dans la convention originaire dont l'objet dépassait la valeur de 150 francs (1).

Nous allons aborder une seconde série de dispositions (art. 1345 et 1346) qui, bien qu'ayant toujours pour but principal d'apporter une sanction et un appui à la règle édictée par l'art. 1341 1re partie, ne s'y rattachent cependant pas aussi directement que les textes que nous venons d'examiner. Ainsi, il est arrêté par l'art. 1345 que : « Si dans une même instance une partie fait plusieurs demandes dont il n'y ait point de titres par écrit et que jointes ensemble elles excèdent la somme de 150 fr., la preuve par témoins n'en peut être admise, encore que la partie allègue que ces créances proviennent de différentes causes, et qu'elles se soient formées en différents temps, si ce n'était que ces droits procédassent par succession, donation ou autrement de personnes différentes. »

Cette disposition ne découle pas comme une conséquence immédiate de l'art. 1341 1re partie. En l'absence d'un texte formel, le demandeur pourrait soutenir qu'il n'a commis aucune contravention à la loi en ne faisant point dresser d'écrit pour constater l'existence de créances qui sont toutes d'une valeur très-minime et qui, prises isolément, n'excèdent pas le taux fixé pour l'admission de la preuve orale. Aussi, sous l'empire de l'ordonnance de Moulins qui ne contenait pas sur ce sujet de dis-

(1) En ce sens Larombière. Sur l'art. 1311, n° 15.

position spéciale, les auteurs étaient à peu près unanimes pour admettre la preuve par témoins dans le cas qui nous occupe. Boiceau (1) nous apprend que les praticiens de son temps ne soulevaient sur ce point aucune difficulté. Mais une opinion contraire se produisit dans les travaux préparatoires de l'ordonnance de 1667. M. Pussort, rédacteur du projet, proposa aux jurisconsultes qui lui avaient été adjoints comme commissaires un article déclarant irrecevable la preuve testimoniale, lorsqu'elle serait réclamée pour établir l'existence de plusieurs créances qui, jointes, excéderaient 100 livres, bien que chacune fût inférieure à cette somme, et qu'elles fussent nées de différentes causes et en différents temps. Cette disposition était introductive d'un droit nouveau et rigoureux ; aussi, le premier président, de Lamoignon, protesta qu'elle était contre le droit et contre l'usage. Mais M. Pussort répondit « qu'il fallait empêcher qu'à l'aide de deux faux témoins, on ne se rendît maître du bien des hommes », c'est-à-dire que les témoignages oraux étaient également suspects, qu'ils fussent invoqués pour affirmer l'existence d'une créance unique excédant 100 livres, ou pour établir des créances multiples dépassant par leur réunion cette même somme. L'opinion de M. Pussort prévalut et on inséra dans l'art. 5 du titre 20 de l'ordonnance le projet proposé par lui. On excepta toutefois de la prohibition le cas où les droits et créances réclamés proviendraient du chef de personnes différentes. Voilà l'origine de la disposition reproduite à peu près textuellement par le Code.

Il faut remarquer que l'art. 1345 ne s'applique qu'aux créances qui ne peuvent être prouvées qu'avec l'aide seule des témoi-

(1) Chap. viii, nos 11 et 12.

gnages oraux ; mais, s'il s'agit de créances justifiées d'abord par un commencement de preuve littérale, comme on peut dans tous les cas les établir par témoins (art. 1347), elles doivent être comptées séparément et ne sont pas jointes aux créances résultant de conventions purement verbales ; les chiffres de ces dernières seront additionnés à part, quand il sera nécessaire de vérifier s'ils ne dépassent pas la limite tracée par l'art. 1341. Cela n'est pas douteux, bien que le Code n'ait pas conservé les mots : « demandes dont il n'y a point de preuve ou de commencement de preuve par écrit », qui se trouvaient dans l'article précité de l'ordonnance de 1667.

La règle posée par l'art. 1345 serait dépourvue de sanction efficace, si la partie qui possède ou prétend posséder plusieurs créances excédant par leur cumul 150 fr., pouvait intenter pour les faire consacrer une instance distincte pour chacune d'elles. Mais la loi a eu le soin d'enlever cette faculté aux plaideurs. « Toutes les demandes, à quelque titre que ce soit, dispose l'art. 1346, qui ne seront point entièrement justifiées par écrit, seront formées par un même exploit, après lequel les autres demandes dont il n'y aura point de preuve par écrit ne seront pas reçues. »

Cette disposition sert évidemment de corollaire à celle de l'art 1345. Mais si l'art. 1346 a été édicté en partie dans la pensée d'assurer un appui au texte qui le précède, on a fait justement remarquer que, pour l'interpréter sainement et d'une façon complète, il faut lui reconnaître aussi un objet un peu différent. Dans toutes les dispositions que nous avons jusqu'ici commentées, nous avons vu intervenir constamment la limite pécuniaire imposée par l'art. 1341 à la recevabilité de la preuve orale. C'est pour assurer le respect du principe qui commande de dresser un acte écrit, toutes les fois qu'il s'agit d'un intérêt supérieur à 150 fr., que tous ces textes ont été inscrits dans le Code. Au-dessous de ce chiffre rien n'a gêné l'admission de la preuve testimoniale. Or, ici il n'est nullement question d'objet excédant une valeur de 150 fr., toutes les demandes, quelque minime que soit la somme réclamée, qui ne sont point entièrement justifiées par écrit, doivent être formées par le même exploit, sous peine de déchéance pour celles qui ne se produiraient qu'ultérieurement. Il paraît donc certain, ainsi que l'observe avec raison Marcadé (1), que l'art. 1346 a eu pour objet de prévenir la multiplicité des procès plutôt que de prémunir les plaideurs contre le danger des faux témoignages.

Cette interprétation cependant est fort contestée. M. Larombière (2) prétend que l'art. 1346 n'a point la portée qu'on lui attribue dans l'opinion que nous venons d'exposer, et qu'il est inapplicable, lorsque toutes les demandes, qu'une partie peut avoir à former, n'excèdent pas, jointes ensemble, la somme de cent cinquante francs. Voici comment raisonne cet auteur. Il est inexact de dire que l'art. 1346 a pour objet tout spécial d'empêcher la profusion des procès; c'est un but qui lui est commun avec tous les textes qui le précèdent. Lui-même n'a été écrit que pour servir de sanction à l'art 1345. Or, dans tous ces textes, la loi n'a poursuivi de ses prohibitions la preuve testimoniale, que lorsqu'il s'agit d'un intérêt supérieur à 150 fr. Pourquoi la loi veut-elle que toutes les demandes soient formées par le même exploit ? Uniquement pour que le tribunal saisi vérifie si, jointes ensemble, elles dépassent le chiffre que

(1) Sur l'art. 1346 n° 1. Conf. Aubry et Rau. — Dalloz, v° Obligations n° 4704.

(2) Sur l'art. 1346, n° 11.

nous avons si souvent rappelé. Tel était également l'esprit de l'ordonnance de 1667.

Ces arguments ne manquent certainement pas de force ; cependant la formule de l'art. 1346 nous paraît trop absolue pour nous permettre de nous ranger au sentiment de M. Larombière. Cette formule a tout le caractère d'une disposition irritante : « Toutes les demandes non entièrement justifiées par écrit etc. » Pourquoi d'ailleurs, la loi qui dans tous les articles précédents a sans cesse répété les mots, demande ou somme excédant 150 fr., est-elle muette sur ce chiffre dans l'art. 1346 ? On prétend qu'il le faut sous-entendre ; mais est-ce également par mégarde que la loi s'est servie des expressions « demandes non entièrement justifiées par écrit, » qui placent sous l'empire de la règle qu'elle édicte même les demandes qui, appuyées sur un commencement de preuve littérale ne sont pas soumises aux prohibitions posées dans les art. 1341 à 1348 ?

Il faut donc reconnaître que l'art. 1346 ne forme pas une simple dépendance des textes qui le précèdent ; qu'il contient une disposition particulièrement rigoureuse en exigeant : 1° que toutes les demandes soient formées simultanément, même si elles n'excèdent pas 150 fr., 2° en prescrivant cette réunion de créances, même pour celles qui sont fondées sur un commence- de preuve par écrit.

Le demandeur privé de titres doit donc avoir soin de faire insérer toutes ses réclamations dans le même exploit. Mais cette dernière expression, employée par l'art. 1346, est-elle purement énonciative, ou doit-elle s'appliquer seulement aux actes de procédure ainsi qualifiés par la loi ? On accorde généralement qu'elle n'a pas un sens absolu, et qu'elle n'exclut nullement les demandes formées par simples conclusions au cours d'une instance. Nous sommes d'autant plus disposés à admettre cette interprétation qu'elle apporte un tempérament à un article déjà bien rigoureux et qu'en définitive elle ne contrarie point l'unité de procédure, qui est dans le vœu de la loi.

Les articles 1348 et 1346 sont-ils applicables aux créances non exigibles, en d'autres termes, le demandeur doit-il faire figurer dans son exploit ses droits et créances non encore échus et qui ne sont point constatés par titres à côté des sommes dont il peut réclamer le paiement immédiat ? Non, disent la plupart des auteurs (1); car on n'intente d'action en justice que pour réclamer des choses qui vous sont actuellement dues; exigez-vous que le demandeur porte ses créances conditionnelles ou ajournées uniquement pour se les réserver ? Mais c'est là une injonction arbitraire; la loi ne lui prescrit rien de semblable, et vous ne pouvez pas ajouter à sa rigueur.

Nous préférons cependant l'opinion contraire, bien qu'elle rallie peu de partisans. La pensée générale de la loi, nous l'avons déjà dit, est celle-ci : Toute personne est avertie qu'au moment précis où ses créances contre le même débiteur dépassent 150 fr., elle doit se procurer une preuve littérale; si elle ne le fait pas, elle commet une contravention punie par le refus d'admission de la preuve orale. La loi ne distingue pas entre les créances exigibles ou inexigibles; ses prescriptions sont absolues; or il serait facile au demandeur de les éluder, en scindant, contrairement à la vérité, ses créances en deux parties, de réclamer celles qu'il prétendrait être échues, et d'en laisser de côté un certain nombre sous prétexte qu'elles ne seraient pas exigibles. Avec une pareille

(1) Marcadé sur l'art. 1346 n° 3, Toullier t. 9, n° 50. — Dalloz v° obligations. — Bonnier n° 105.

combinaison, favorisée par la subornation des témoins, on introduirait plusieurs actions distinctes et successives et on arriverait à prouver l'existence de créances bien supérieures à 150 fr. Or c'est là une conséquence contre laquelle protestent toutes les dispositions que nous venons de parcourir. Il nous semble donc nécessaire que le demandeur, en réclamant les prestations dont il peut exiger le paiement immédiat, énumère celles qui sont subordonnées à l'avénement d'un terme et déclare se les réserver. Le tribunal appréciera, en additionnant ces diverses créances, si elles ne dépassent point la limite légale imposée à l'admissibilité de la preuve orale.

C'est dans le même esprit d'interprétation rigoureuse que nous déciderons une autre question controversée. En disposant que les demandes non justifiées par écrit ne seront pas reçues, la loi a-t-elle voulu écarter absolument ces demandes par une fin de non-recevoir, ou les empêcher simplement d'être prouvées à l'aide des témoignages oraux ? Malgré le dissentiment de MM. Toullier et Larombière (1), qui pensent que de pareilles demandes pourraient être accueillies si le créancier se bornait à en chercher la confirmation dans l'aveu ou le serment du défendeur, nous prenons à la lettre les termes de l'art. 1346. En déclarant irrecevables les demandes dont s'agit, la loi a frappé l'action elle même d'une déchéance absolue.

Telle est dans ses développements juridiques la première règle qui résulte de l'art. 1341.

---

(1) Toullier t. 9. n° 49. — Larombière sur l'art. 1346 n° 12.

§ 2. — DEUXIÈME RÈGLE

DE LA DÉFENSE DE PROUVER OUTRE ET CONTRE LE CONTENU AUX ACTES

La plupart des commentateurs voient la première consécration de cette règle dans la loi 1re Code De Testibus : « *Contra scriptum testimonium testimonium non scriptum non fertur.* » Cette origine nous paraît peu sûre. Sans entrer dans une discussion historique ou philologique, nous nous bornerons à rappeler que l'authenticité de ce texte a été fort contestée. On sait qu'il a été extrait des Basiliques et qu'il ne se trouve pas dans les anciennes éditions du Code. Cujas l'attribue à l'empereur Antonin Caracalla ; mais son opinion souffre difficulté parmi les Romanistes. On a d'ailleurs fait remarquer avec raison que les mots « *testimonium scriptum* » pouvaient bien ne pas avoir le sens qu'on leur prête, et que l'ensemble de la loi pouvait signifier simplement ceci : qu'un témoin ne mérite pas d'être entendu lorsqu'il dément verbalement ce qu'il avait déjà affirmé par écrit (1).

Nous avons déjà cité un texte de Paul moins suspect (*Pauli sentent.*, l. 5. tit. 5. §4), où le principe qui nous occupe paraît avoir été énoncé avec précision.

Du droit romain, la défense d'attaquer à l'aide des témoignages oraux les énonciations d'un écrit non argué de fraude a passé dans l'ancien droit français. Nous avons vu sur ce point la disposition de l'art. 54 de l'ordonnance de Moulins, que le

(1) Derôme. *De l'autorité relative de la preuve testimoniale et de la preuve littérale en droit romain.* — Revue de Législation, 1849.

Code a pleinement confirmée. L'art. 1341, 2ᵉ partie, s'exprime ainsi : « Il n'est reçu aucune preuve par témoins contre et outre le contenu aux actes, ni sur ce qui serait allégué avoir été dit avant, lors ou depuis les actes, encore qu'il s'agisse d'une somme ou valeur moindre de cent cinquante francs. »

Quel est le sens de la prohibition consacrée par ce texte ? Dans quel esprit doit-elle être interprétée ?

Elle résulte, ainsi que l'indique Pothier, de la prééminence que la loi assure à la preuve littérale sur la preuve orale et de la défiance dans laquelle elle tient cette dernière. Lorsque les parties rédigent ou font dresser un acte pour constater la convention qu'elles forment, elles doivent avoir soin d'insérer dans cet acte toutes les clauses principales ou accessoires sur lesquelles elles sont d'accord ; si, après la rédaction de l'écrit, elles veulent modifier leur contrat primitif, elles doivent se nantir d'un nouvel acte pour constater ces changements.

On peut donc tirer du texte de l'art. 1341, 2ᵉ partie, les deux propositions suivantes :

1° L'acte faisant pleine foi des énonciations qui ont un rapport direct avec l'objet du contrat, on ne peut prouver par témoins que ces énonciations, par suite d'une erreur, volontaire ou involontaire, sont en contradiction avec les intentions et la volonté des contractants.

2° On ne peut établir à l'aide de la preuve testimoniale que des modifications ont été apportées au contrat, postérieurement à la rédaction du texte qui en a fixé les dispositions.

Il résulte de la première règle que la teneur de l'acte doit être entièrement respectée, et que la foi qui lui est due est indépendante du chiffre de l'intérêt qu'il sert à consacrer. Ce serait demander à prouver contre l'acte, que de soutenir que des énon-

ciations qui s'y trouvent renfermées sont inexactes. Par exemple,
on ne pourrait soutenir qu'une obligation est pure et simple,
quand il a été constaté qu'elle est conditionnelle ou à terme. Un
billet contient promesse de la part d'une personne de payer une
somme d'argent à une époque déterminée. Dans le silence de
l'acte, le bénéficiaire ne peut prétendre que sa créance est productive d'intérêts. Ce serait prouver outre l'acte.

Serait-ce enfreindre cette prohibition que de demander à
prouver par témoins qu'un acte non daté a été passé en tel temps
et en tel lieu ? Danty, dans ses additions au commentaire de Boiceau, chap. ix n° 8, examine la question dans le cas ou un vendeur ayant en mains un acte sous seing privé non daté demande
à prouver oralement que cet acte a été rédigé en temps de foire
pour pouvoir jouir de la situation favorable que cette circonstance lui assure. Il soutient l'admissibilité de la preuve testimoniale. « La date de l'acte, dit-il, ne dépend pas en quelque sorte
du fait des parties, puisque, qu'elle soit exprimée ou non, il est
toujours vrai de dire qu'il y en a une, et par conséquent, il ne
s'agit que de la vérifier, ce qui est un simple fait. » La même
solution se trouve énoncée dans le répertoire de M. Dalloz.

Nous pensons avec Pothier (oblig., n° 700) que « cette décision
souffre difficulté. » Si l'existence de la date est un simple fait,
ainsi que le dit Danty, c'est un fait qu'il était facile aux parties
de faire constater par écrit ; on ne peut nier en outre que, si la
constatation de la date n'est pas directement liée à la convention
des parties, elle n'exerce sur la validité de cette convention une
très-grande influence. Il importe beaucoup de savoir si, lorsqu'une
des parties a contracté, elle jouissait de la plénitude de ses droits,
si elle n'était pas mineure ou interdite. Donner à la preuve testimoniale le pouvoir de déterminer l'époque à laquelle un acte

productif d'obligations a été dressé, ce serait souvent livrer le sort de cet acte aux erreurs et aux fraudes possibles des témoignages. Or cette conséquence nous paraît absolument contraire au texte et à l'esprit de la loi. Nous pensons donc qu'on ne peut fixer cette date qu'à l'aide d'éléments pris soit dans l'acte lui-même, soit dans d'autres écrits s'y rapportant. Cette solution n'est pas douteuse à l'égard des testaments, et la jurisprudence a maintes fois décidé que la date qui s'y trouve mentionnée ne peut être rectifiée qu'au moyen de renseignements puisés dans l'acte testamentaire (1).

La deuxième règle que nous avons précédemment énoncée concerne, nous l'avons vu, les événements postérieurs à la passation de l'acte. Elle a pour but d'astreindre les parties à rédiger un écrit toutes les fois qu'elles veulent ajouter des dispositions additionnelles à leur contrat primitif, en élargir, en restreindre ou en modifier les conditions. Ainsi, par exemple, les changements apportés à un traité par écrit entre un propriétaire et un architecte pour la confection de travaux ne peuvent être prouvés par témoins (2).

Sur un point important cependant qui se rattache aussi à l'application de notre règle une vive controverse s'est élevée. La preuve testimoniale est-elle recevable pour établir le paiement ou la remise d'une dette n'excédant pas 150 fr. dont il existe un titre écrit ? Y a-t-il là une preuve outre ou contre le contenu de l'acte ? Question délicate sur laquelle les anciens auteurs s'étaient partagés en deux camps distincts et qui est encore fort discutée dans la doctrine actuelle. La plupart des auteurs admet-

(1) V. not., Req., 12 août 1851. D. P. 52, 1, 35.
(2) En ce sens. Caen 29 janvier 1815. D. P. 45, 5, 422.

tent aujourd'hui dans cette espèce la preuve testimoniale (1).
Sous l'ancien droit, Boiceau, Danty et Pothier se prononçaient
dans le même sens. L'argument que font valoir tous ces auteurs
et qui leur paraît décisif est celui-ci : La personne qui veut prouver par témoins sa libération ne demande point à prouver outre
ou contre le contenu de l'acte qui constate l'existence d'une dette
à son préjudice. Elle respecte entièrement toutes les énonciations de cet acte ; elle reconnaît comme vrais les faits dont il a
eu pour objet de conserver le souvenir ; elle ne prétend pas que
ses clauses aient été modifiées. Elle entend uniquement démontrer qu'un fait ultérieur, complétement indépendant de l'acte, est
venu la dégager de ses obligations ; or, comme il ne s'agit dans
l'espèce, on le suppose, que d'un intérêt qui n'excède pas 150 fr.,
il n'y a aucune raison pour proscrire la preuve testimoniale.

Quelque accréditée que soit cette argumentation, nous ne
pensons pas devoir nous y associer. Il nous semble que la preuve
orale doit être repoussée dans le cas qui nous occupe par application de l'art. 1341 § 2 Code Civ.

Consultons d'abord la tradition juridique. En droit romain
on voyait avec une grande défiance une partie invoquer l'appui
des témoignages pour établir le paiement d'une dette qui se trouvait constatée par un acte instrumentaire. Justinien réglementa
soigneusement l'admission de cette preuve dans la constitution
qui forme la loi 18 Cod., De Testibus, 4, 20. Il ne l'admit que
dans le cas où la partie qui alléguait le paiement produisait à
cinq témoins honorables (*testes idonei*) ayant assisté à la numération des espèces. L'ordonnance de Moulins plus tard défendit

(1) Duranton. XIII, 331. Mascadé sur l'art. 1341 n° 5. Massé et Vergé
t. III. Aubry et Rau p. 443, note 7. Dalloz v° obligations, n° 1733.

de recevoir la preuve par témoins « sur ce qui serait allégué avoir été dit ou convenu contre l'acte ou avant icelui, lors et depuis, » expressions aussi générales que possible et qui embrassaient certainement tous les contrats ou faits juridiques modificatifs ou exstinctifs des obligations stipulées dans l'acte. Cette disposition fut reproduite par l'ordonnance de 1667 à peu près littéralement. Aussi, sous l'empire de ces ordonnances, magistrats et praticiens étaient d'avis que la preuve orale du paiement d'une dette consacrée par un titre ne devait être refusée. Pothier a constaté, tout en la critiquant, la jurisprudence établie de son temps (1). A peine si l'opinion contraire pouvait se prévaloir de quelques arrêts isolés, dont un du Parlement d'Aix de 1640 (2). Les rédacteurs du Code qui se sont approprié dans l'art. 1341 la disposition de l'ordonnance de 1667 et qui ont voulu en maintenir les principes, n'ignoraient pas de quelle façon les termes qu'ils reproduisaient avaient été interprétés par une longue et constante pratique. Les mots : « ce qui a été dit depuis les actes » ont conservé toute leur généralité. On a prétendu, il est vrai, qu'ils ne s'appliquent qu'aux conventions purement modificatives des clauses de l'acte ; c'est-à-dire à celles qui ont pour objet d'ajouter l'apposition d'un terme, d'une condition à une obligation etc. Mais cette explication est arbitraire ; elle détruit même, à notre sens, la doctrine qu'elle prétend étayer. Que fait celui qui assure que la convention a été modifiée ; il respecte dans leur intégralité les clauses originaires intervenues entre parties ; il ne veut point infirmer la foi due à l'acte primitif; il ne se prévaut que d'un évènement postérieur. La logique devrait donc

(1) Oblig., n° 799.
(2) Merlin Rep. v° Preuve. sect., 2 § 3.

conduire les partisans du système que nous combattons à admettre dans ce cas la preuve testimoniale ; mais ils n'ont même pas
osé proposer une semblable doctrine.

En résumé l'acte subsiste et l'obligation qu'il relate est répu-
tée subsister, tant qu'on ne rapporte pas une preuve écrite du
contraire. Prouver que l'obligation a été modifiée ou qu'elle a
été éteinte, c'est dans les deux cas prouver contre l'acte (1).

Tels sont les cas les plus usuels d'application du principe prohibitif énoncé en tête de ce paragraphe. Il importe de remarquer qu'il ne peut être invoqué lorsque c'est la sincérité même
de l'acte qui est attaquée. Qu'un acte authentique soit argué de
faux, que l'écriture d'un acte sous seing privé soit l'objet d'une
contestation, il faut laisser passer tout d'abord la procédure de
l'inscription de faux ou de l'avération d'écriture. Il est également
reconnu que la défense de prouver outre et contre le contenu
aux actes ne concerne par les tiers. Nous aurons du reste plus
tard l'occasion de revenir sur cette dernière proposition.

En terminant l'examen des dispositions légales qui ont restreint l'admissibilité de la preuve testimoniale, il nous reste à
exposer une question qui forme pour ainsi dire le couronnement
de celles que nous avons successivement parcourues. Il s'agit de
déterminer le véritable caractère des règles que nous venons
d'étudier. Sont-elles d'ordre public ou d'intérêt purement privé,
susceptibles dès lors de fléchir si les parties sont d'accord pour
renoncer à s'en prévaloir ? Il est généralement reconnu que le
caractère de disposition d'ordre public est attachée à la règle qui
défend de prouver outre et contre le contenu aux actes. Mais la
controverse devient fort vive en ce qui touche la première règle,

_____

(1) En ce sens. Merlin, *loc., cit.*, Larombière sur l'art., 1341 n° 29,
Mourlon, *Revue de Jurisprudence*. Année 1851.

celle qui repousse la preuve orale, toutes les fois qu'il s'agit d'un intérêt supérieur à 150 fr. Beaucoup d'auteurs soutiennent que les parties sont libres d'écarter cette prohibition par une convention particulière, soit expresse, soit tacite, et qu'il se forme entre elles un contrat judiciaire parfaitement licite que les juges doivent respecter. Nous pensons au contraire qu'une pareille convention n'aurait rien d'obligatoire pour les tribunaux, et qu'ils devraient déclarer irrecevables les demandes en preuve tombant sous le coup de la défense dont s'agit.

Nous invoquons à l'appui de cette doctrine le texte et l'esprit des anciennes ordonnances et l'opinion de la plupart des légistes qui les ont commentées. L'article 54 de l'ordonnance de Moulins a été généralement entendu en ce sens qu'il contient une disposition impérative adressée aux juges, leur enjoignant de n'admettre la preuve testimoniale que dans les cas rigoureusement déterminés où elle est autorisée. Vrévin, dans ses *Observations sur l'ordonnance*, chap. IV, décide « que quand même une partie se serait soumise à la preuve par témoins pour une somme excédant 100 livres, cette convention ne serait pas reçue, parcequ'il est de maxime que les parties ne peuvent déroger par leurs conventions à ce qui est de droit public ; qu'il est certain que les juges doivent, indépendamment du fait des parties, suppléer d'office la fin de non-recevoir résultant de l'ordonnance. » Même opinion aussi nettement exprimée dans Boiceau et Danty (chap. I, n° 1). Brodeau, sur *Louët* (lettre D, n° 33), invoque dans le même sens une jurisprudence à peu près constante du Parlement de Paris, et il ajoute cette remarque : « C'est une loi de de droit public que l'article 54 de l'ordonnance de Moulins, qui regarde en sa constitution et en sa fin l'intérêt, le profit et l'utilité publique, le bien et le soulagement des sujets du roi. »

L'opinion contraire ne peut guère se prévaloir que de quelques arrêts du Parlement de Toulouse, rapportés par un commentateur de l'ordonnance de 1667, Rodier, qui d'ailleurs les combat. Jousse semble également avoir été favorable à cette dernière doctrine ; du moins, il se borne à dire que la partie qui a intérêt à empêcher la preuve ne peut interjeter appel du jugement qui l'a ordonnée, alors qu'elle a consenti à son admission en termes exprès.

Un autre texte, qui n'est que la paraphrase de l'article 54 de l'ordonnance de 1566, l'article 19 de l'édit perpétuel des Flandres de 1611, accentue d'une façon énergique le caractère d'ordre public imprimé à la prohibition. Il commande directement aux tribunaux d'en assurer l'exécution, « sans que les juges pourront (puissent) recevoir aucune espèce de preuve par témoins. »

On peut dire en résumé que l'interprétation que nous venons d'exposer a été à peu près universellement admise sous l'ancienne jurisprudence par les auteurs et les arrêts. Or, le Code civil n'a nullement entendu changer le caractère des dispositions prohibitives qui frappent la preuve orale ; il a plutôt aggravé, ainsi que nous l'avons vu, les conditions sous lesquelles elle était jadis permise, et a édicté les précautions les plus minutieuses pour en prévenir la violation. Il est donc certain que, si la loi protége au fond des intérêts privés, elle a été inspirée par les plus hautes considérations d'ordre public : mettre un frein à la multiplicité des procès et à la corruption des témoignages (1).

_____

(1) Toullier, t. ix n° 36 et suiv. ; Merlin, Rep., V. Preuve, sect. 2, n° 28. Marcadé, art. 1318, n° 8. Aubry et Rau. Laromblère, art. 1347, n° 1. _Contrà_. Bottard, t. ii. Carré et Chauveau, quest., n° 976. Dalloz, Oblig., n° 4615. Bordeaux, 16 janvier 1846. D. P., 46, 2, 82. Req., 5 août 1847. D. P., 47, 1, 319.

Il est dès lors impossible d'admettre le système des auteurs qui refusent le caractère de disposition d'ordre public à la première règle de l'article 1341, tout en l'accordant à la seconde.

CHAPITRE IV

EXCEPTIONS AUX RÈGLES ÉDICTÉES PAR L'ART. 1341

Malgré la défaveur que la loi attache à la preuve testimoniale, il est des cas où cette preuve se présente environnée de garanties, n'offre plus que des dangers fort incertains, et où son exclusion absolue eût été une véritable prime donnée à la mauvaise foi des débiteurs. C'est à cette situation que le Code a pris soin de pourvoir dans les deux textes qui nous restent à examiner, les articles 1347 et 1348. Dans le premier de ces articles, il autorise la preuve testimoniale quand elle est appuyée sur un commencement de preuve par écrit ; dans le second, il exempte des prohibitions formulées par l'article 1341, les cas où il est impossible aux parties de se procurer une preuve littérale ou de conserver celle qu'elles avaient fait dresser. Enfin, consacrant un usage en vigueur depuis longtemps, le Code a réservé, pour les matières purement civiles, ses dispositions prohibitives, dont la législation commerciale se trouve ainsi affranchie.

1. — ADMISSION DE LA PREUVE ORALE, QUAND IL EXISTE UN COMMENCEMENT DE PREUVE PAR ÉCRIT

Nous avons déjà indiqué les motifs qui devaient déterminer la loi à autoriser la preuve testimoniale appuyée sur un commencement de preuve par écrit ; ce sont les garanties dont sa libre admission se trouve alors entourée. Les témoignages n'étant plus seuls invoqués pour prouver l'existence d'un fait juridique intéressant plusieurs parties, le danger de la subornation des témoins et de la multiplicité des procès devient très-peu redoutable. D'autre part, le demandeur, nanti d'un document qui rend déjà ses prétentions vraisemblables, ne réclame plus l'appui d'une enquête que pour compléter une preuve à moitié faite. C'eût été sacrifier de très-légitimes intérêts à une défiance excessive de la preuve orale que de continuer à la proscrire (1). Cependant l'ordonnance de Moulins ne contenait sur ce point aucune disposition spéciale. Quelques auteurs en ont conclu que, sous l'empire de cette ordonnance, un commencement de preuve par écrit était insuffisant pour autoriser l'admission de la preuve testimoniale. Mais c'est peut-être tirer du silence de cette loi une conséquence exagérée. Rappelons-nous qu'au XVIe siècle la vérification d'écritures inspirait encore fort peu de confiance, et que les cédules et écrits privés produits en justice n'y faisaient foi qu'après qu'ils avaient été reconnus et vérifiés par des témoins appelés à cet effet. Est-il admissible que la loi qui laissait un tel pouvoir à la preuve orale lui eût retiré toute espèce d'efficacité quand elle

_____

(1) Il est reconnu que la loi dans l'article 1347 fait exception aux deux règles posées par l'article 1341. V. Dalloz. Oblig., n° 4742.

pouvait s'appuyer sur un écrit susceptible de former un commencement de preuve? Nous ne croyons pas que l'ordonnance soit aussi rigoureuse, et notre interprétation se trouve confirmée par le passage suivant du commentaire de Boiceau (1) : « Il faut remarquer que l'ordonnance n'entend pas abroger absolument et en toutes occasions la preuve par témoins ; elle entend seulement rejeter la preuve qui n'est point soutenue par d'autres adminicules ou présomptions de droit... Que s'il se trouve quelque chose d'écrit de la main des parties dont on puisse tirer quelque preuve (textuellement : *si quid a partibus manu scriptum sit ex quo nonnulla probatio elici potest*), le prince ne veut pas que les juges la repoussent. » Merlin (2) constate également que l'ordonnance de 1566 n'était pas régardée comme un obstacle à l'admission de la preuve testimoniale, dans le cas où il y avait un commencement de preuve par écrit.

Les rédacteurs de l'ordonnance de 1667 ne firent donc que consacrer une exception généralement admise en disposant formellement « qu'ils n'entendaient exclure » la preuve par témoins dans le cas qui nous occupe. Ils négligèrent toutefois de définir « le commencement de preuve par écrit. » Aussi, l'extension donnée à ces mots fut très-large. Jousse dans son commentaire comprend sous cette expression « tout écrit d'où résulte quelque preuve, quoique non suffisante. » On admit qu'un titre même émané d'un tiers pouvait servir de commencement de preuve. C'est ainsi qu'il fut jugé que la reconnaissance d'une dette de communauté faite par une femme dans un inventaire pouvait être opposée aux héritiers du mari. Pothier critiquait avec rai-

---

(1) 2ᵉ partie, chap. ɪ, nᵒ 1 et 3.
(2) Loc., cit., sect. 2, § 3, nᵒ 21.

son cette décision (1) ; et c'est pour éviter le retour de pareils abus que le code a cru devoir nettement établir ce qu'il faut entendre par un commencement de preuve littérale.

Aux termes de l'art. 1347 § 2, un écrit peut servir de commencement de preuve à la double condition : 1° Qu'il émane de celui contre qui la demande est formée ou de la personne qui le représente ; 2° qu'il rende vraisemblable le fait allégué.

Les tribunaux ne peuvent admettre comme indices de preuves littérales que des actes réunissant cumulativement ces deux conditions. Mais leurs pouvoirs varient en ce qui touche l'interprétation de chacune d'elles. La Cour de cassation, en effet, laisse les juges de première instance et d'appel maitres d'apprécier souverainement si l'écrit qui leur est présenté rend vraisemblable le fait allégué ; mais elle se réserve le droit d'examiner si les pièces produites dans un procès ont au point de vue légal le caractère d'actes émanés de la personne contre qui elles sont invoquées ou de son représentant (2).

Examinons successivement les deux conditions que nous venons d'indiquer.

1re *Condition*. — L'écrit doit émaner de celui contre qui la demande est formée, ou plus exactement, comme on l'a fait remarquer, de celui à qui on l'oppose ; car il pourrait arriver que l'acte fût invoqué par le défendeur pour appuyer une exception. Le mot « émané » ne doit pas non plus être pris dans un sens absolument littéral. La loi n'exige pas que l'acte soit écrit de la main même de la partie à qui on l'oppose ; il suffit qu'il soit

(1) Obligations, n° 803.
(2) Civ., Cass., 30 Déc. 1839. D. p. 40, 1, 25. Req., 17 mai 1855. D. p. 55, 1, 247. Req., 11 juin 1872. D.

l'œuvre de cette personne, qu'il ait été rédigé avec sa participation ou sous sa dictée par un officier public compétent pour le dresser.

Conformément à ces principes, constituent un commencement de preuve littérale : Les lettres missives écrites par une partie, les simples notes rédigées par elle, bien qu'elles ne soient pas signées, pourvu que le corps d'écriture soit de sa main, ou réciproquement un billet signé par une personne, bien qu'une autre en ait rempli les blancs. Mais il est nécessaire que l'une ou l'autre de ces conditions soit observée ; ainsi serait insuffisante pour servir de commencement de preuve une note énonçant un paiement reçu non écrite ni signée par le créancier, alors même qu'on l'aurait trouvée dans les papiers de ce dernier, après son décès (1).

On considère encore comme actes émanés d'une personne ses déclarations ou aveux constatés dans un écrit ayant force probante dressés par un notaire, par exemple, ou formulés devant un juge ayant le pouvoir de les provoquer ou d'en concéder acte à la partie qui le requiert.

Tels sont les dires consignés dans un procès-verbal de conciliation ou de non conciliation ; les réponses d'une partie attestées par un procès-verbal d'interrogatoire sur faits et articles. C'est là dans la pratique un des modes les plus usités pour se procurer une indice de preuve littérale d'une obligation dont il n'existe aucun titre. La légitimité de ce moyen a été reconnue par une jurisprudence constante. Il est certain, en effet, que le juge qui provoque et recueille ces réponses, en affirme la réalité aussi exactement que pourrait le faire la partie elle-même ou le notaire qui rece-

(1) Civ. Cass., 9 nov. 1842. Dall. V° Disp. Entre vifs, n° 573.

vrait sa déclaration. Un point cependant a soulevé quelques difficultés. Doit-on appliquer aux réponses faites dans un interrogatoire sur faits et articles la règle de l'indivisibilité de l'aveu,
et, lorsqu'une partie n'aura fait que des déclarations contradictoires, le tribunal sera-t-il obligé de ne tenir aucun compte des
demi-aveux qui lui sont échappés, sous prétexte qu'ils se trouvent
rétractés par des réponses en contradiction avec les premières?
Ce système rigoureux n'a pas été admis. Lorsqu'une personne
demande à en faire interroger une autre, elle poursuit généralement un double but : obtenir l'aveu complet de la dette qu'elle
réclame à son adversaire, ou trouver, dans certaines déclarations
faites par ce dernier, un indice de preuve littérale rendant admissibles les témoignages oraux. Or, on comprend que la règle
de l'indivisibilité de l'aveu qui doit être rigoureusement observée
quand une partie prétend trouver dans cet aveu une reconnaissance complète de ses prétentions, est sans application au cas où
elle n'invoque ces mêmes déclarations que comme un commencement de preuve écrite, destinée à être corroborée par la preuve
testimoniale. C'est en ce sens que la question a été fort nettement tranchée par un récent arrêt de la Cour de cassation (1)
rendu au rapport de M. le conseiller Rau. Nous trouvons dans
ce dernier document formulée avec la plus grande précision la distinction que nous venons d'indiquer. « L'art. 1356, dit M. Rau,
ne pose la règle de l'indivisibilité que relativement à l'aveu dont il
détermine le caractère et la force probante, c'est-à-dire à l'aveu
judiciaire pris ou retenu par le juge comme formant preuve
complète contre la partie qui l'a fait. Ce serait étendre arbitrai-
rement la règle que de l'étendre à des déclarations dans lesquel-

(1) Req., 2 janvier 1872. D. p. 72, 1, 119.

les le juge ne voit plus la preuve complète du fait contesté, mais un simple commencement de preuve par écrit de nature à le rendre vraisemblable. Le système contraire tendrait à rendre illusoire ou à peu près la procédure de l'interrogatoire sur faits et articles, celui qui a commencé par nier un fait, n'ayant garde de se donner un démenti formel par des déclarations explicites. »

Il est certain toutefois que si les juges du fond violeraient la loi, en refusant d'admettre comme commencement de preuve par écrit des réponses émanées d'une partie, sous prétexte qu'elles ne résulteraient que d'un interrogatoire sur faits et articles, ils sont souverains pour apprécier en fait si ces réponses contiennent des aveux suffisants pour constituer ce commencement de preuve.

Aux énonciations recueillies dans un interrogatoire sur faits et articles, on a assimilé les déclarations faites par une partie à l'audience ; mais pour qu'elles puissent produire les effets juridiques que nous venons d'indiquer, il faut qu'il en ait été concédé acte sur la demande de la partie adverse. Il a été jugé avec raison que de semblables déclarations consignées sur de simples notes dressées par le greffier n'auraient pas la même valeur (1).

Nous pouvons encore citer comme formant un commencement de preuve les réponses d'un prévenu relatées dans le procès-verbal d'interrogatoire signé par le juge d'instruction.

Des énonciations insérées dans les qualités d'un jugement peuvent-elles constituer un commencement de preuves littérale ? La question est controversée ; mais nous croyons qu'on doit la résoudre dans le sens de l'affirmative, au moins dans le cas où

(1) Bordeaux, 12 déc. 1854. D. P. 55, 5, 354.

le libellé de ces qualités n'aurait soulevé aucune observation de la part de l'avoué à qui elles auraient été signifiées, ou si un règlement était intervenu sur opposition.

Pour qu'ils puissent conserver leur autorité, il faut que ces documents probatoires, interrogatoires, enquêtes, rapports d'experts etc., ne soient pas compris dans une instance périmée. Sous l'ancien droit, Pothier (*Procéd. civ.*, chap. iv) soutenait en vertu de la maxime « *probata remanent* » que la péremption qui frappait une instance, faute de continuation des poursuites, n'atteignait pas les actes probatoires dressés dans le cours de cette instance. Ces actes subsistaient comme éléments de preuve et pouvaient être invoqués dans une instance nouvelle. Mais cette opinion est, dans le droit actuel, trop contraire aux termes précis de l'art. 401, Cod. Proc. civ., pour pouvoir être soutenue. Aussi, a-t-elle été abandonnée par la plupart des auteurs.

Aux actes émanés de la volonté personnelle d'une partie, l'art. 1347 a, comme nous l'avons vu, assimilé ceux qui sont l'œuvre, non de la partie elle-même, mais des personnes qui ont le droit ou la mission de la représenter, tels que ses auteurs ou son mandataire. C'est ainsi que les écrits émanés d'une personne peuvent être opposés à ses héritiers ou légataires universels et généralement à tous ses successeurs ou ayant-cause. Les actes émanés du mandataire servent également de commencement de preuve à l'encontre de son mandant, pourvu d'ailleurs qu'il se soit renfermé dans la limite de ses pouvoirs. Les écrits émanés du *negotiorum gestor*, au contraire, ne produisent pas, en principe, le même effet à l'égard du maître ; il faut que ces actes en particulier, ou la gestion d'une façon générale aient été ratifiés par ce dernier. Le *negotiorum gestor* se trouve alors assimilé à un véritable mandataire. Mais s'il n'y a pas eu entre

7

les parties des relations juridiques du genre de celles que nous venons d'indiquer, quel que soit l'intérêt commun qui les unit, s'agit-il, par exemple, de deux cohéritiers, les écrits émanés de l'une ne peuvent être invoqués comme constituant un commencement de preuve à l'égard de l'autre. De même les déclarations faites par un tiers, quelle que soit sa parfaite connaissance d'un fait litigieux, ne peuvent avoir le caractère d'indices littéraux pour autoriser une des parties en cause à se servir de la preuve testimoniale. C'est ainsi qu'il a été décidé (et cette décision est juridique) que les déclarations faites dans un interrogatoire sur faits et articles subi par le notaire qui a reçu un acte d'obligation, ne peuvent servir de commencement de preuve par écrit de la simulation de l'acte alléguée par l'autre partie (*Req.*, 30 avril 1838. Dall. Oblig. n° 1054).

Doit-on également considérer comme un tiers un notaire qui se trouve dans la situation suivante? Il reçoit un acte dans lequel il n'intervient pas personnellement, mais qui contient des énonciations reconnaissant ou créant à sa charge certaines obligations. Peut-on lui opposer ces énonciations comme indices de preuve littérale, bien qu'il les ait consacrées, non comme contractant, mais en qualité de rédacteur de l'écrit qui les renferme? Dans l'intérêt du notaire on a dit : qu'on ne pouvait opposer à une personne que des aveux ou déclarations qui fussent son œuvre personnelle ; que le notaire en prêtant son ministère aux parties qui le réclament ne remplit l'office que de simple rapporteur des faits juridiques qui s'accomplissent devant lui, mais qu'il n'entend nullement mêler sa personnalité privée aux déclarations et conventions intervenant entre les parties contractantes. — En ce sens, Aubry et Rau, Bordeaux 14 février 1832. L'opinion contraire nous semble préférable. Quand un notaire

rédige et signe un acte, qu'il le lit aux parties, et qu'il y in-
sère de sa main des énonciations préjudiciables à ses intérêts, il
s'approprie ces énonciations dans une mesure suffisante pour
autoriser les tiers à y trouver contre lui un commencement de
preuve littérale (1).

Il nous reste à faire une dernière remarque ; elle concerne les
personnes qui ne peuvent contracter qu'avec l'aide d'une autorisation qui les habilite ou par le ministère d'un représentant légal. Pour pouvoir bénéficier des dispositions de l'art. 1347 et
produire comme constituant à leur égard un commencement de
preuve littérale un écrit émané d'elles, il faut prouver également l'accomplissement des formalités et conditions sans lesquelles ces personnes sont incapables de s'engager.

2e *Condition.* — L'écrit destiné à servir de commencement
de preuve doit, avons nous dit, rendre vraisemblable le fait allégué. Suivant la juste remarque de Toullier. « La vraisemblance dépend nécessairement de circonstances que la loi ne
peut prévoir et qui varient à l'infini. » On peut cependant avec
la plupart des auteurs classer en deux catégories distinctes les
écrits envisagés au point de vue de la vraisemblance qu'ils peuvent donner à l'allégation d'une partie. 1° On range dans la première classe les actes qui, destinés à former une preuve complète ne peuvent produire ce résultat, par ce qu'ils manquent
d'une des conditions nécessaires à leur validité ; 2° une seconde
catégorie comprend les écrits qui, lors de leur rédaction, n'a-
vaient pas pour objet de constituer une preuve, mais qui ren-

---

(1) C'est cette dernière opinion qui a été consacrée par la Cour de
cassation. V. *Req.*, 4 avril 1838. Dalloz. V° Jugement, n° 1003.

ferment certaines énonciations se rattachant à l'intérêt du litige et qui prêtent par suite un appui aux réclamations d'une partie.

La première classe embrasse les actes authentiques ou sous seing-privé, à qui l'omission d'une formalité prescrite par les art. 1317 et suiv. enlève le pouvoir de faire preuve qu'ils auraient eu, s'ils eussent été dressés régulièrement. Mais la question de savoir dans quels cas et sous quelles conditions ces actes peuvent servir d'indices de preuve littérale a soulevé quelques difficultés.

En ce qui touche les actes authentiques, si l'acte a été reçu par un officier public incompétent ou destitué de ses fonctions, plusieurs hypothèses sont possibles. 1° L'acte n'a été signé d'aucune des parties ; il est complétement nul et ne peut pas même servir de commencement de preuve. 2° Il a été signé de toutes les parties ; il a à l'égard de chacune d'elles la valeur d'un acte sous seing-privé régulier. 3° L'acte n'a été signé que par l'une ou quelques-unes seulement des parties : vaut-il comme commencement de preuve à l'encontre de ces dernières ? C'est dans ce cas seulement que la controverse a pu surgir. Quelques auteurs tranchent la question d'une façon absolue en sens contraire (V. notamment Dalloz, v° obligations n° 4815 et Marcadé sur l'art 1347 n° 4), les uns accordant, les autres déniant à cet acte le pouvoir de constituer un commencement de preuve par écrit. Pour nous, il y a là surtout une question de fait. Les juges apprécieront dans quelle mesure les parties qui ont signé l'acte l'ont ratifié par leurs signatures ; s'il apparaissait des circonstances de la cause qu'elles n'ont entendu s'engager que concurremment avec les personnes qui ont refusé de signer, nous ne verrions dans l'acte qu'un projet ayant avorté et ne pouvant être opposé à aucune des parties.

Les controverses ont été plus vives sur le point de savoir si certains actes sous seing-privé, imparfaits par suite de l'omission d'une des mentions ou conditions essentielles à leur régularité peuvent produire un commencement de preuve littérale. S'agit-il d'un billet non revêtu du bon ou approuvé, prescrit par l'art. 1326? l'affirmative est généralement admise ; car l'omission qui l'en pêche de valoir comme instrument de preuve complète n'est nullement, dit-on, un indice de fraude (Civ., rej. 10 janvier 1870. D. p. 70, 162). Mais peut-on trouver les mêmes éléments de sincérité dans un écrit sous seing-privé destiné à relater une convention synallagmatique, qui n'a point été fait en double ou triple etc. ou ne contient pas la mention de l'accomplissement de cette formalité? L'opinion négative se trouve formulée par certains auteurs et quelques documents de jurisprudence. Voici les deux arguments principaux sur lesquels ils ont appuyé leur système : 1° Donner à l'acte qui nous occupe le pouvoir de constituer un commencement de preuve par écrit, c'est méconnaitre le vœu de la loi qui, en exigeant la formalité des doubles originaux a voulu établir entre les parties une complète égalité. 2° L'acte sous seing-privé dans lequel la formalité prescrite par l'art. 1325 n'a pas été observée n'est considéré par la loi que comme un simple projet; or, il est interdit de lui rendre la valeur probante que l'article précité a eu pour objet de lui enlever(1). Mais ces arguments sont sans valeur, et on a répondu ce nous semble avec raison que, si l'art. 1325 annulle les actes

(1) Favard. Répertoire. V° *Acte sous seing privé.* Amiens, 15 juillet 1826. Bastia, 11 juillet 1838. D. p. 38, 2, 150. *Contra.* Marcadé sur l'art. 1347. Aubry et Rau, Larombière sur l'art. 1325 n° 38. Nimes, 18 nov. 1851. D. p. 54, 5, 597. Civ. rej. 29 juillet 1872. D. p. 74, 1, 430.

non conformes à ses prescriptions, c'est en tant qu'on voudrait leur faire produire une preuve complète ; mais qu'il laisse entière la question de savoir s'ils peuvent servir d'indices de preuve littérale ; or, cette question est résolue par l'art. 1347, et les actes dont s'agit satisfont aux conditions exigées par ce dernier texte. Les intérêts des parties sont sauvegardés, puisque ces actes n'ont d'autre objet que de rendre admissible la preuve testimoniale et que les tribunaux ont le droit souverain d'apprécier s'ils rendent vraisemblable le fait allégué. La doctrine et la jurisprudence semblent aujourd'hui à peu près fixées dans le sens de cette opinion.

Dans la seconde catégorie que nous avons précédemment indiquée, nous mentionnerons les énonciations insérées dans un un acte authentique, qui ne se rattachent qu'indirectement aux dispositions que l'acte a eu pour objet de consacrer (art. 1320) ; les lettres missives contenant promesse de payer une certaine somme pour chose à livrer servent au vendeur de commencement de preuve pour démontrer à l'aide des témoignages le fait de la livraison. Dans cette même classe, on peut ranger une foule d'écrits, dont il serait impossible de présenter une énumération complète, et qui réunissent tous les caractères que nous avons signalés. Boiceau et Danty (chap. ii, n° 10) et Pothier (Oblig. n° 767 et suiv.) nous en fournissent de nombreux exemples.

Notons en terminant les copies de titres mentionnées dans les art. 1335 § 2 et 3 et 1336 Cod. civ. Ce dernier article décide que la transcription d'un acte peut, sous les conditions qu'il détermine, constituer un commencement de preuve par écrit. Doit-on attribuer le même effet à la mention d'une pièce sur les registres de l'enregistrement ? L'opinion affirmative est enseignée par quelques auteurs, notamment Duranton, et certains arrêts déjà anciens rendus en 1811 et 1813; on a prétendu que l'enregistrement rend le fait aussi vraisemblable qu'une simple copie de copié, ce à quoi se réduit la transcription d'un acte. Mais cette opinion n'a pas fait fortune et on l'a repoussée en disant que l'art. 1336 établissait une dérogation au principe posé par l'art. 1347, qu'il devait être interprété restrictivement ; que d'ailleurs la copie littérale d'un titre qui constitue la transcription offrait des éléments plus sérieux de preuve que le simple extrait auquel se borne l'enregistrement.

Telles sont les conditions que doit réunir l'écrit destiné à servir de commencement de preuve. A l'aide de ce commencement de preuve littérale les parties ne sont plus contenues dans les règles étroites tracées par l'art. 1341 ; mais nous avons déjà indiqué que, malgré sa portée générale, l'art. 1347 devait recevoir certaines exceptions, et que dans plusieurs cas les règles prohibitives de la preuve orale devaient reprendre toute leur vigueur. Nul doute pour les conventions dont l'existence même se trouve liée à la rédaction d'un écrit revêtu de formes solennelles: tels sont les testaments, les donations, les contrats de constitution d'hypothèques etc. Mais il existe un certain nombre de contrats qui se forment et acquièrent une existence juridique, sans qu'il soit besoin de les relater dans un acte instrumentaire. Cependant la loi déclare qu'ils ne pourront être prouvés que par écrit ; à cette catégorie appartiennent le louage d'immeubles, la transaction, l'antichrèse.

1° *Le louage d'immeubles.* — Les art. 1715 et 1716 Cod. Civ. réglementent la preuve de ce contrat par des dispositions toutes spéciales. Nous nous occuperons, bien entendu, de ce que l'on appelle le bail verbal. Ce bail n'a-t-il reçu aucun commencement d'exécution : son existence ne pourra être démontrée à l'aide de la preuve testimoniale. A-t-il reçu au contraire un commencement d'exécution, et sa valeur n'excède-t-elle pas 150 fr.: il est généralement admis que la preuve par témoins peut être invoquée pour établir les conditions et clauses de ce contrat, excepté celles qui concernent la durée et le prix ; ces dernières sont déterminées par application des articles 1715, 1716, 1730, 1758 et 1774 Cod. Civ. Les faits de jouissance constitutifs d'un commencement d'exécution ne peuvent, s'ils sont contestés, être prouvés à l'aide des témoignages oraux ; c'est du moins la solution aujourd'hui a peu près unanimement acceptée. Mais que décider si une partie se prévaut d'un commencement de preuve par écrit, et invoque l'art. 1347 pour prouver les conditions et l'existence même du bail ? Cette question a soulevé une très-vive controverse, que des décisions récentes de la Cour suprême, rendues en sens contraire par la Chambre des requêtes et la Chambre civile, ont aujourd'hui ravivée. Un premier système recommandable par l'autorité des auteurs qui le soutiennent professe l'opinion la plus large, c'est-à-dire qu'il admet la correction de l'art. 1715, par le tempérament de l'art. 1347. — « Les art. 1715 et 1716, disent MM. Aubry et Rau, 4e édit. § 364 n° 3, ne dérogent pas à la disposition de l'art. 1347 ni à plus forte raison à celle de l'art. 1348. Ainsi, lorsqu'il existe un commencement de preuve par écrit, qui rend vraisemblable l'existence d'un bail verbal, la preuve par témoins est recevable pour compléter ce commencement de preuve, quoique la valeur du bail dépasse 150 fr., et qu'il n'ait encore reçu aucune exécution. » Les partisans de cette doctrine l'ont ainsi motivée : Si le législateur déroge, en ce qui touche la preuve du contrat de louage d'immeubles, à la règle énoncée dans l'art. 1341 qui fixe la li- mite pécuniaire pour l'admissibilité de la preuve orale, il laisse entière, par cela même qu'il la passe sous silence, la disposition essentiellement générale et qui s'applique à tous les contrats non solennels formulée dans l'art. 1347. Les articles 1715 et 1716 proscrivent la preuve testimoniale toute seule, même au-dessous de 150 fr., et en cela ils sont plus sévères que l'art. 1341 ; mais comme ils sont édictés dans le même ordre d'idées que ce dernier texte, il ne faut pas leur attribuer une rigueur exagérée. D'ailleurs les partisans de l'opinion contraire sont obligés d'ad- mettre même en cette matière l'exception résultant de l'art. 1348 n° 4, la logique les condamne à ne pas rejeter une exception en admettant l'autre. Accueillant celles qui est consacrée par l'art. 1348, pourquoi repoussent-ils celle que renferme l'art. 1347 (1) ?

Ces arguments ne nous ont pas convaincu et nous préférons nous rallier à la doctrine qui n'admet pas l'application de l'art. 1347 à notre matière. Cette solution nous paraît commandée par l'esprit et le texte des art. 1715 et 1716.

Les travaux préparatoires du Code nous enseignent que ces dispositions ont été édictées d'une manière toute spéciale pour prévenir les abus de la preuve testimoniale et tarir la source des procès. « On peut louer par écrit ou verbalement, disait M. Mou- ricault, dans son rapport au tribunal ; mais, s'il n'y a point d'é- crit, il faut observer que la preuve du contrat ne pourra se faire par témoins, quelque modique que puisse être son objet. Cette

(1) En ce sens. Req., 1er août 1867. D. P. 73. 5. 302. Nancy. 3 août 1871. D. P. 72. 2. 150. — Contra. Marcadé sur les art. 1715 et 1716 n° 3. Larombière art. 1317 n° 38. Rennes 2 mai 1871. — Civ. rej. 19 février 1873. D. P. 74. 1. 295.

disposition est fondée sur les inconvénients *particuliers* que la preuve testimoniale présente en cette matière, où tout est urgent. » Cette déclaration est confirmée en ces termes par M. Jaubert, dans son discours prononcé au Corps législatif au nom du tribunat : « Ne faudra-t-il pas, d'après les règles générales sur les contrats, accueillir la preuve testimoniale ? Notre projet le défend, et cette innovation nous a paru extrêmement sage. Il faut tarir la source des procès, en proscrivant dans cette matière la preuve testimoniale. Le serment peut seulement être déféré à celui qui nie le bail. » Il ressort de ces citations l'indice non équivoque que le législateur, redoutant surtout la multiplicité des procès, a entendu absolument proscrire la preuve testimoniale, en matière de louages d'immeubles. Le soin qu'il a pris de mentionner dans l'art. 1715 *in fine* qu'à défaut de preuve écrite, le serment seul pourrait être déféré à la partie qui nie le bail montre son intention d'exclure la preuve orale, même accompagnée de documents écrits. Un commencement de preuve écrite, loin d'écarter les dangers que la loi a voulu éviter, ne ferait que les aggraver; car si la solution que nous combattons était admise, elle donnerait accès à tous ces inconvénients dont la matière qui nous occupe doit être affranchie : — Multiplicité des procès et longueur des procédures.

Nous pensons, il est vrai, que la preuve testimoniale devrait être admise dans le cas prévu dans l'art. 1348 § 4; mais l'exception consacrée par ce dernier texte est d'une toute autre nature que celle de l'art. 1347. A toutes les époques on a admis que lorsqu'une partie avait perdu, par suite d'une circonstance de force majeure, le titre qu'elle avait eu le soin de faire dresser pour constater un droit, elle pourrait suppléer à cette perte en invoquant l'appui des témoignages. Jamais un législateur raison-

nable n'aurait pu songer à proscrire dans ce cas la preuve testimoniale. La disposition de l'art. 1347 est l'œuvre sage sans
doute mais arbitraire de sa volonté ; celle de l'art. 1348 lui était
commandée par la force même des choses ; à tel point que si ce
texte n'avait pas été édicté, nous aurions été disposés à admettre
la preuve orale des faits qu'il prévoit.

Une discussion semblable à celle que nous venons d'examiner
s'est élevée au sujet de la transaction. L'art. 2044, après avoir
défini ce contrat, ajoute qu'il doit être rédigé par écrit. Plusieurs
auteurs et la Cour de cassation elle-même (Civ. rej. 28 novem-
bre 1864. D. P. 65. 1. 105) ont pensé que cette disposition
n'interdisait que les témoignages oraux invoqués seuls et sans
appui, mais que ces derniers devenaient admissibles avec l'aide
d'un commencement de preuve par écrit. Les arguments employés dans l'intérêt de cette doctrine sont à peu près les mêmes
que ceux qu'on a fait valoir pour justifier l'application de l'art.
1347 à la matière du louage. La loi, a-t-on dit en substance,
n'est pas plus formelle ni plus sévère dans ses prescriptions au
sujet de la transaction qu'en ce qui concerne les preuves des autres contrats. Le droit commun de la preuve subsiste donc, abs-
traction faite des distinctions formulées au point de la valeur de
l'objet litigieux par l'art. 1341 et que l'art. 2044 ne reproduit
pas. L'art. 1347 conserve toute sa force. Voyez d'ailleurs les
articles 1834 et 1923 relatifs aux sociétés et au dépôt ; ils exi-
gent bien que ces deux contrats soient constatés et prouvés par
écrit ; cependant on admet sans difficulté que leur existence peut
être établie par la preuve testimoniale aidée d'un commencement
de preuve par écrit. (V. Paul Pont, *Revue critique*, t. 23.)

Ce système nous parait reposer sur des prémisses vicieuses. Il
se fonde sur cette donnée que la transaction doit être assimilée

aux autres contrats, et que le législateur n'avait pas de raisons
pour en assujettir la preuve à un régime spécialement rigoureux.
Or, c'est là une erreur certaine. La transaction a des caractères
tous particuliers. Elle a pour but de trancher un différend qui
existait entre plusieurs parties ; elle doit clore un litige et l'empêcher d'être porté jusqu'à la barre d'un tribunal. Aux termes
de l'art. 2052 elle produit entre les parties l'effet de la chose
jugée. Il y a donc un grand intérêt à ce que ce contrat, qui a pour
objet de substituer à des droits douteux une décision certaine, ne
soit pas lui-même le jouet d'une contestation ; et pour employer
la juste expression d'un arrêt de la Cour de Bordeaux, il ne faut
pas que les parties soient tentées de remplacer un litige sur le
fond du procès par un litige sur l'existence de la transaction.

Telles sont les idées que suggère la nature même du contrat
dont nous parlons et qui se révèlent d'une façon manifeste dans
les discours et les travaux des rédacteurs du Code civil. M. Albisson, dans son rapport présenté au tribunat dans la séance du
8 ventôse an XII, s'exprime ainsi : « La condition que le projet
ajoute et qui devait l'être par rapport à la nature particulière de
la transaction, c'est qu'elle soit rédigée par écrit, ce qui est infi-
niment sage ; car la transaction devant terminer un procès, c'eût
été risquer d'en faire naître un nouveau que d'en laisser dépendre l'effet de la solution d'un problème sur l'admissibilité ou les
résultats d'une preuve testimoniale (Locré. Leg., t. XVIII). » On a
prétendu, il est vrai, que les observations de M. Albisson n'étaient
point en conformité avec l'opinion des membres du tribunat devant lequel elles étaient prononcées et que le tribun Gillet, désigné pour porter la parole devant le Corps législatif, ne les avait
pas reproduites. Mais il est certain qu'aucune objection ne fut
faite aux déclarations de M. Albisson et qu'il fut lui-même un

des commissaires nommés par le tribunal pour soutenir le projet. L'orateur du Conseil d'État, M. Bigot-Préameneu, dans son *exposé des motifs*, fit valoir lui aussi la nécessité d'établir avec le moins de doute possible l'existence de la transaction. « Un droit douteux, dit-il, et la *certitude* que les parties ont entendu balancer et régler leurs intérêts, tels sont les caractères qui distinguent et qui constituent la nature de ce contrat. »

Quant aux arguments tirés des articles 1834 et 1923, il nous suffira de faire remarquer que ces textes ont été édictés dans un ordre d'idées tout différent de celui sur lequel nous insistons actuellement. En reproduisant la limite de 150 fr., tracée par l'article 1341, et au-dessous de laquelle la preuve testimoniale est admise, ils montrent qu'ils ne sont absolument que des corollaires de cette dernière disposition. Les contrats de société et de dépôt sont donc régis par le droit commun en matière de preuves.

Nous croyons donc fermement que c'est avec raison que, malgré l'autorité de la décision de la Cour suprême, la plupart des auteurs ont persisté dans l'opinion que nous venons d'exposer. La jurisprudence elle-même s'est refusée à adopter la doctrine de l'arrêt de 1864 (1).

Le troisième contrat auquel la loi, à notre sens, interdit l'application de l'article 1347, c'est l'antichrèse. En effet, d'après l'article 2085, « l'antichrèse ne s'établit que par écrit, et nous attribuons à ce texte la même portée qu'aux articles 1715 et 2044. Comme pour les contrats précités, la loi a voulu arrêter dans leur principe les désordres que pourrait occasionner l'admission de la preuve testimoniale (V. en ce sens les déclarations du conseiller d'État Berlier dans l'*exposé des motifs*). »

(1) V. Nancy, 5 décembre 1867.

§ 2. — ADMISSION DE LA PREUVE TESTIMONIALE DANS LE CAS OU IL A ÉTÉ IMPOSSIBLE AU CRÉANCIER DE SE PROCURER OU DE CONSERVER UNE PREUVE LITTÉRALE.

Nous abordons l'examen d'une seconde série d'exceptions aux règles restrictives de la preuve testimoniale. A vrai dire, les faits juridiques dont nous allons parler étaient destinés par leur nature même à être affranchis des dispositions sévères édictées par les articles 1341 et suivants. Déclarer que vous pourrez rapporter par témoins la preuve de faits dont il vous est impossible de présenter une preuve écrite sans qu'on puisse vous reprocher une faute, c'est consacrer une règle de sens commun, que les rédacteurs de l'ordonnance de Moulins n'avaient pas jugé nécessaire de formuler : « *Impossibilium nulla obligatio.* » En ce cas, disait-on, l'ordonnance n'a point lieu. Les auteurs de l'ordonnance de 1667 les premiers crurent devoir autoriser expressément la preuve orale des faits juridiques dont il est impossible de rapporter une preuve écrite. Les articles 3 et 4, t. xx, de l'ordonnance étaient ainsi conçus :

Art. 3. — N'entendons exclure la preuve par témoins pour dépôt nécessaire, en cas d'incendie, ruine, tumulte ou naufrage, ou en cas d'accidents imprévus où on pourrait avoir fait des actes.

Art. 4. — N'entendons pareillement exclure la preuve par témoins pour dépôt fait en logeant dans une hôtellerie, entre les mains de l'hôte et de l'hôtesse, qui pourra être ordonnée par le juge suivant la qualité des personnes et les circonstances du fait.

Le Code a reproduit presque textuellement ces dispositions en ajoutant toutefois dans l'article 1348 *in principio* et *in fine*, deux règles plus générales qui, sont conformes aux principes que Pothier (Oblig., n° 810 et suiv.) posait en cette matière. Elles peuvent se résumer ainsi : Est admis à la preuve par témoins : 1° celui à qui il a été impossible de se procurer une preuve littérale, 2° celui qui a perdu l'instrument de cette preuve par suite d'un cas fortuit et résultant d'une force majeure.

Examinons successivement ces deux règles et les cas principaux où elles sont applicables. 1° On peut invoquer la preuve testimoniale quand on a été dans l'impossibilité de se procurer une preuve écrite. Quelle impossibilité la loi a-t-elle entendu exprimer? Est-ce une impossibilité matérielle, absolue, ou une très-grande difficulté, ce que M. Bonnier appelle une impossibilité locale, accidentelle, momentanée? On est d'accord pour ne pas poser sur ce point de principe trop rigoureux et pour laisser aux juges un certain pouvoir d'appréciation.

Cette règle s'applique d'abord, d'après l'article 1348, § 2, aux quasi-contrats, aux délits et quasi-délits. — Les quasi-contrats ont été définis « des faits licites et volontaires, d'où résultent de plein droit, soit des obligations unilatérales pour la personne qui en est l'auteur, soit des obligations réciproques entre cette personne et celle à laquelle ces faits ont causé un préjudice ou apporté un avantage (Aubry et Rau, § 440). » Ce qui caractérise le quasi-contrat, c'est qu'il n'y a point. au moment de sa formation, concours de volontés de la part des parties entre lesquelles vont naître des rapports juridiques. On conçoit, dès lors, qu'en principe l'existence d'un pareil fait ne peut être constatée au moyen d'un document écrit. Il faut cependant se montrer circonspect et apprécier avec soin s'il a été réellement impossible aux parties, ou à l'une d'elles, de se procurer un écrit.

Ainsi, au premier rang des quasi-contrats figure la gestion d'affaires (article 1372 et suiv.), qui confine au contrat tacite de mandat. Il y aura à examiner si la personne dont l'affaire a été gérée a connu ou non cette gestion, ou si, la connaissant, elle a été dans l'impossibilité de l'empêcher. Dans ce même contrat de gestion d'affaires, il tombe sous le sens que le maître ou propriétaire et le gérant ne pourront se servir avec la même facilité de la preuve testimoniale. Si le gérant réclame de la personne à qui il a accordé ses bons offices le montant d'avances ou de frais exposés pour son compte, comme il aurait pu et dû exiger des quittances des créanciers qu'il a désintéressés, il devra produire une preuve écrite de ces paiements. Le maître, au contraire, hors la présence duquel ces faits se sont accomplis, pourra prouver par témoins que le gérant a perçu en son nom et pour son compte certaines sommes, quel qu'en soit le montant.

Le second quasi-contrat, au sujet duquel le Code a posé quelques règles, est celui qui résulte de la réception de l'indu. Mais il faut remarquer que la preuve testimoniale sera difficilement admissible au profit de celui qui réclamera la restitution d'une somme, sous prétexte qu'elle aurait été payée par erreur. Peu importe, en effet, qu'il ait effectué le paiement dont il demande la répétition entre les mains d'un créancier réel ou supposé, qu'il fût ou non débiteur de la prestation qu'il a acquittée, il aurait dû retirer une preuve écrite démontrant sa libération au moins apparente. Ce n'est qu'autant que ce paiement aurait été fait sous l'empire de violences, hors des circonstances ordinaires d'où naît ce quasi-contrat, que les témoignages oraux pourraient servir à le prouver.

La preuve testimoniale sera, au contraire, invoquée en toute
liberté pour établir les faits que l'on désigne sous le nom de délits
et de quasi-délits, à la condition du moins qu'il ne s'agira que de
la démonstration de ces faits purs et simples, et qu'ils ne seront
point mêlés à des conventions ou autres actes exigeant une preuve
littérale. Les délits et quasi-délits sont, on le sait, des actes illi-
cites ayant pour résultat de causer à autrui un dommage dont
leur auteur doit la réparation à la partie lésée. Ce qui distingue
ces deux ordres de faits, c'est l'intention de nuire qui inspire
l'agent du délit, tandis qu'elle est absente chez l'auteur du
quasi-délit. Il est inutile d'insister sur cette considération que la
partie qui souffre d'un fait de cette nature n'a pas pu s'en procurer une preuve écrite, et qu'en conséquence, elle doit être
librement admise à la preuve testimoniale. Toutefois, il existe
un certain nombre de délits dont les éléments sont complexes et
dont la perpétration suppose la préexistence d'un contrat: tels
sont l'abus de blanc-seing, qui ne peut se produire qu'après la
remise ou dépôt volontaire d'un blanc-seing; l'abus de confiance,
qui comprend la violation d'un contrat de dépôt ou de mandat
et la destruction d'un titre antérieurement remis (art. 408,
Code pénal). Si le second fait, qui constitue la violation de la
convention intervenue entre parties, a un caractère criminel, il
n'en est pas de même de la convention elle-même, qui n'est qu'un
fait purement civil ; or, sur ce point-là la loi n'accorde confiance
aux témoignages qu'autant que l'intérêt litigieux ne dépasse pas
150 fr., il est donc indispensable, avant d'être admis à prouver, par exemple, la violation d'un dépôt, d'établir l'existence
de ce contrat, suivant les règles tracées par la loi civile. Cette
nécessité pour le juge criminel d'avoir recours aux modes de
preuve prescrits par la législation civile ne fait plus doute

8

aujourd'hui. Cependant dans les premiers temps qui suivirent la promulgation du Code, quelques auteurs, notamment Toullier (t. ix, n° 145 et suiv.), avaient enseigné sur ce point une doctrine peu juridique. Ils admettaient bien que l'existence du fait civil qui avait précédé le délit ne pouvait être établie qu'à l'aide de la preuve littérale, si l'on se trouvait dans un des cas où la loi l'exige ; mais ils pensaient que, si l'existence du contrat n'était pas démontrée et si elle était déniée par le prévenu devant la juridiction répressive, celle-ci devait prononcer, non l'acquittement du prévenu, mais sa propre incompétence, et renvoyer aux juges civils la connaissance de la preuve du contrat ; il y avait là, suivant eux, une question préjudicielle. Cette décision était inspirée par cette fausse théorie accréditée sous l'ancienne jurisprudence, et qui a trouvé un fâcheux écho dans l'article 327 du Code civil ; c'est que la compétence d'un tribunal peut dépendre des formes fixées par la loi pour la preuve de la demande. Cette idée fut bientôt réfutée dans la célèbre note que le président Laplagne-Barris rédigea en 1813 sur la matière des questions préjudicielles. On tient aujourd'hui (1) pour certain, conformément aux conclusions de ce document, « que le juge compétent pour statuer sur un procès dont il est saisi l'est par cela même pour statuer sur les questions qui s'élèvent incidemment dans ce procès ; que la preuve du délit ne pouvant être séparée de celle de la convention, la compétence sur le délit qui forme l'action principale entraine nécessairement la compétence sur le contrat dont la dénégation n'est que l'exception à cette action. » Ainsi, un tribunal correctionnel saisi d'une plainte motivée par la viola-

(1) V. Angers 1er juillet 1850. D. P. 51, 2, 131. Crim., Cass., 23 nov., 1850. D. P. 50, 5, 4.

tion d'un des contrats énumérés dans l'article 408 du Code pénal, devra se conformer aux règles tracées par les articles 1341 et suiv. ; il pourra trouver dans l'interrogatoire du prévenu un commencement de preuve littérale de la convention alléguée contre lui. Toutes ces règles s'appliquent aussi bien à l'action du ministère public qu'à celle de la partie lésée. La loi, en effet, ne formule aucune distinction entre les qualités des diverses parties et les mobiles qui les font agir, quand elle trace le mode de preuve à observer pour établir un fait.

Que décider au cas où il ne s'agit plus d'un délit greffé sur une convention, mais où la sincérité de la convention elle-même est attaquée par l'une des parties contractantes, avec allégation d'erreur, de violence, ou de manœuvres dolosives dont elle aurait été victime ? En principe la violence, l'erreur ou le dol, n'étant pas des faits dont il soit possible de se procurer une preuve littérale, pourront être prouvés par témoins ; mais encore faut-il que l'existence de la convention soit constante ou que son objet n'excède pas 150 francs. L'articulation de dol ou d'erreur n'est recevable qu'autant que la réalité de la convention se trouve préalablement établie. A défaut de cette justification, le demandeur ne peut administrer la preuve par témoins ni de la convention, ni du dol dont il se plaint, hormis un cas : celui où il est allégué que les manœuvres dolosives ou les actes de pression violente exercés contre la personne lésée ont eu précisément pour but de l'empêcher de se procurer une preuve écrite. Il en serait de même si les manœuvres dolosives étaient réellement constitutives du délit d'escroquerie, tel qu'il est défini par l'art. 405 Cod. pén.

Mais, ce cas excepté, la preuve du contrat que l'on prétend vicié par la violence, l'erreur ou le dol, doit être faite suivant les règles ordinaires. Quant à la preuve du dol lui-même, elle ne sera admissible qu'autant qu'il s'agira du dol inhérent à la formation du contrat, que les anciens légistes appelaient « *dolus dans causam contractui;* » parce qu'en effet il a pour objet de surprendre le consentement d'une partie et de l'amener à contracter. A côté du dol se place la simulation. La simulation n'est autre chose qu'un moyen employé par les parties pour déguiser, à l'aide d'énonciations erronées, insérées dans un acte, la nature réelle des conventions qui interviennent entre elles. A la différence du dol ou de la violence, elle ne peut être prouvée par témoins, du moins dans les rapports des parties contractantes ; car il était facile à ces dernières de rédiger une contre lettre pour se procurer une preuve écrite de leurs conventions réelles en contradiction avec les clauses de l'acte ostensible. Ainsi, un donateur simule une libéralité sous l'apparence d'un contrat à titre onéreux, d'une vente par exemple, et, dans l'acte dressé pour constater cette convention, il reconnaît avoir reçu le prix de la chose cédée, tandis qu'en réalité il n'a rien encaissé ; il ne sera pas admis à prouver que l'acte ne relatait qu'un paiement fictif, s'il n'a pas eu le soin d'obtenir du donataire une reconnaissance établissant le fait de la libéralité pure et simple que ce dernier a reçue. On conçoit que l'admission de la preuve testimoniale en pareil cas eût constitué une violation trop ouverte du principe prohibitif posé dans l'art. 1341, 2e partie, Code civil. Toutefois cette règle est complétement étrangère aux tiers dont ces actes simulés auraient pour résultat de léser les intérêts.

Ainsi dans l'exemple que nous venons de citer, les créanciers du disposant seront recevables à prouver par témoins que l'acte consenti par leur débiteur n'est qu'une vente nominale, et qu'il a le véritable caractère d'une libéralité faite en fraude de leurs droits. Si dans un acte de cession de droits successifs les parties avaient déclaré un prix excédant le prix réel pour empêcher un cohéritier d'exercer le retrait successoral autorisé par l'art. 841, ce cohéritier pourrait prouver par tous les moyens que le véritable prix de la cession est inférieur à celui porté dans l'acte.

Nous admettrons les parties elles-mêmes à prouver oralement l'existence de la simulation, si cette altération du véritable caractère de l'acte et des énonciations qu'il devait renfermer a été obtenue au moyen de machinations frauduleuses ou même d'une simple violence morale exercée contre l'une d'elle. En vertu de ce dernier principe, si une femme vend un de ses immeubles propres avec le concours de son mari, lors même que le prix mentionné dans l'acte serait inférieur au prix réel, elle sera admise à prouver par témoins, soit contre les héritiers de son mari, soit contre son mari lui-même, l'existence de la simulation à laquelle elle a pris part, et à établir par le même moyen le montant réel du prix versé dans la caisse de la communauté. On verrait en effet dans cette dissimulation, suivant l'expression de M. Troplong, le signe de l'influence exercée par le mari sur sa femme, influence qui a fermé les yeux de cette dernière sur les clauses qu'on insérait dans l'acte (Comp. d'ailleurs art. 1437-1450).

Les diverses propositions que nous venons d'examiner son généralement admises sans difficultés ; mais il est une question qui a été vivement controversée. Il s'agit de savoir quelle règle on doit suivre en présence d'une simulation concertée entre les parties, qui n'est point le résultat d'artifices mensongers employés par l'une d'elles contre l'autre, mais qui a pour but de

www.ingramcontent.com/pod-product-compliance
Lightning Source LLC
Chambersburg PA
CBHW071210200326
41519CB00018B/5457